职业教育系列教材·铁道交通类

铁路旅客服务礼仪

主　编：赵　荔　赵　明　刘云丽
副主编：张　慧　孙雯雯
主　审：申金国

扫描二维码，获取教学资源

哈尔滨工业大学出版社

图书在版编目（CIP）数据

铁路旅客服务礼仪/赵荔，赵明，刘云丽主编. — 哈尔滨：哈尔滨工业大学出版社，2022.1

职业教育系列教材. 铁道交通类

ISBN 978-7-5603-9849-5

Ⅰ.①铁… Ⅱ.①赵…②赵…③刘… Ⅲ.①铁路运输—旅客运输—商业服务—礼仪—职业教育—教材 Ⅳ.①U293.1

中国版本图书馆 CIP 数据核字(2021)第 259294 号

铁路旅客服务礼仪
Tielu Lüke Fuwu Liyi

策划编辑　李艳文　范业婷
责任编辑　那兰兰
出版发行　哈尔滨工业大学出版社
社　　址　哈尔滨市南岗区复华四道街10号 邮编150006
传　　真　0451-86414749
网　　址　http://hitpress.hit.edu.cn
印　　刷　河北华商印刷有限公司
开　　本　787毫米×1 092毫米　1/16　印张8.75　字数196千字
版　　次　2022年1月第1版
印　　次　2022年1月第1次
书　　号　ISBN 978-7-5603-9849-5
定　　价　36.00元

（如因印装质量问题影响阅读，我社负责调换）

丛书专家指导委员会

杨旭丽 （湖南都市职业学院教授）

汪武芽 （江西交通职业技术学院副教授）

李慧玲 （天津铁道职业技术学院教授）

李　捷 （湖南铁道职业技术学院副教授）

李一龙 （湖南铁路科技职业技术学院教授）

苏云峰 （武汉铁路职业技术学院教授）

赵矿英 （河北轨道交通运输职业技术学院教授）

党鸿雷 （河北轨道交通运输职业技术学院教授）

纪书景 （河北轨道交通运输职业技术学院教授）

贾俐俐 （南京交通职业技术学院教授）

前 言

我国进入新的发展阶段，各行各业对职业人才的需求越来越紧迫，中国铁路的发展也是如此，"一带一路"倡议将中国铁路不断推向更高的领域，高速铁路的规模也在不断扩大。路网规模的扩大，衍生了对高素质管理人才的需求，为铁路高等职业教育提供了一个快速发展的契机。铁路高等职业教育步入了快速、有序的发展阶段。同时，随着市场经济的发展，企业之间的竞争已经不再是产品间的竞争，而是服务间的竞争，这就迫切要求铁路部门迅速更新服务理念，不断提高服务质量。而良好的服务礼仪是企业树立良好形象和提高竞争力的有效手段，对于铁路服务人员来讲，规范、优雅的服务礼仪和职业形象能够展示外在美和内在修养，更容易拉近与旅客的距离，能提高旅客的满意度，提升铁路企业形象，实现铁路优质服务品牌的增值。

本书为铁路旅客服务类专业教材，是编者结合铁路交通客运服务现状，从铁路客运服务人员的职业需求出发，根据多年教育教学实践经验编写而成，力求深入浅出地阐述铁路客运服务过程中的服务礼仪知识运用，把展现中国铁路形象作为铁路院校培养学生的目标，以培养学生在服务过程中对服务礼仪运用的能力，帮助学生内化服务礼仪技能，提升服务质量。本书得到专业教师普遍认可，对提高教学水平和教育质量发挥重要作用。同时突出时代性，紧贴时代发展要求，从铁路岗位需求与教学实践、校企合作的角度出发，将礼仪知识与铁路旅客服务进行了有机融合，既注重理论知识的学习，又注重学生实际能力的培养，激发学生的学习兴趣，提升学习效果。

本书在编写过程中力求突出以下几方面特色：

1. 内容全面充实。本书根据专业人才培养目标设置内容，包含铁路客运服务专业知识、服务礼仪专业培养、铁路客运服务礼仪知识、铁路客运服务礼仪拓展等多个方面，全方位提高职业院校学生对铁路客运服务礼仪知识的了解。

2. 知识案例新颖丰富。为了突出实用性，本书在理论知识的讲述方面，多配有近期全国铁路典型的行业知识案例分析，以便更生动地让学生理解铁路客运服务礼仪知识。

3. 针对性和指导性较强。每个项目都将服务礼仪知识与铁路客运服务工作有机地结合起来，着力突出"知识案例引导、理论实践融合"的特色，对于职业教学更具有针对性和指导性。

4. 力求"知行合一"。在每个项目的最后，都设计了"实践训练"环节，帮助学生将知识运用于实践，使学生在活动中体验，在体验中总结，在总结中升华。

5. 具备校企合作特点。本书编写全程体现了"校企合作，产教融合"的理念，有行业专家、学者全面参与本书的编审。

6. 内容拓展丰富。除了深入讲解铁路客运服务礼仪知识以外，还增加了"练一练""礼仪拓展"等知识内容，以使本书在保证内容全面的同时，拓展相关知识。

本书由黑龙江交通职业技术学院申金国主审，负责全书审稿工作；黑龙江交通职业技术学院赵荔担任第一主编，负责本书的编写、统稿；哈尔滨铁道技师学院赵明担任第二主编，负责本书的资源搜集、编写、整理和校对；石家庄铁路职业技术学院刘云丽担任第三主编，负责本书的整理和校对；黑龙江交通职业技术学院张慧担任第一副主编，负责本书结构设计及编制；黑龙江交通职业技术学院孙雯雯担任第二副主编，负责配套多媒体课件的设计制作；中国铁路哈尔滨局集团有限公司王德恩提供专业支持。本书可供高职、中职院校铁路客运服务专业及相关专业教学选用，亦可用作相关行业培训、岗前培训和职工培训的参考书。

由于编者水平有限，书中难免存在疏漏和不足之处，敬请广大读者批评指正。

编者

2021 年 9 月

目　录

项目一　铁路旅客服务认知 ··· 1
　任务一　认识服务 ·· 2
　任务二　认识铁路旅客服务 ·· 12

项目二　服务礼仪的培养 ·· 25
　任务一　礼仪与服务礼仪 ··· 26
　任务二　仪容礼仪 ·· 36
　任务三　仪表礼仪 ·· 47

项目三　铁路旅客服务礼仪 ··· 56
　任务一　铁路旅客服务礼仪概述 ··· 57
　任务二　铁路旅客服务仪态礼仪 ··· 60
　任务三　铁路旅客车站服务礼仪 ··· 80
　任务四　铁路旅客客运服务礼仪 ··· 90
　任务五　铁路旅客餐饮服务礼仪 ··· 93

项目四　铁路旅客服务礼仪拓展 ·· 97
　任务一　语言礼仪 ·· 98
　任务二　形体训练与服务礼仪 ·· 105
　任务三　其他礼仪 ·· 116

参考文献 ·· 131

项目一

铁路旅客服务认知

21世纪以来,高速铁路正以前所未有的速度发展,不断向更高的领域迈进,铁路旅客服务也随之受到关注,服务竞争不断升级。做好铁路旅客服务,对展现铁路旅客服务形象具有重要意义。

学习目标

1. 了解铁路旅客服务
2. 掌握铁路旅客服务技能
3. 了解铁路旅客服务人员素质要求

知识树

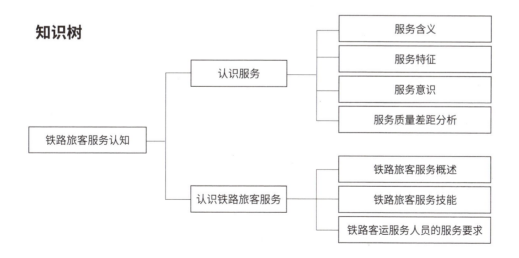

任务一　认识服务

知识导读

坐上加强版复兴号赶飞机

2019年9月26日，京雄城际铁路李大段（李营站至大兴机场段）开通运营，乘客从北京西站乘坐高铁，最快28分钟抵达大兴国际机场。二等车厢座椅"3+2"座位布局改为"2+2"，通道宽度从530毫米增加到1 010毫米，车厢内增设了多处大件行李存放处，整列车可存放189个28寸（1寸约合3.33厘米）行李箱，保证行李在旅客视野范围内。同时，人脸识别进站更方便快捷，人脸、身份证、护照、港澳通行证等都可以作为电子票"刷"进站。北京大兴国际机场航站楼B1层是京津冀区域首座高铁列车下穿机场车站，高铁与机场无缝换乘，在国内首屈一指。搭乘飞机的乘客，可从南北两个出站厅分流出站，通过换乘大厅向上进入航站楼值机，最多需要10分钟。

同步思考

（1）新的高速铁路服务让你有什么感受？
（2）你对铁路旅客服务有哪些新的认识？

一、服务含义

《现代汉语词典（第7版）》对"服"的解释第⑤点为：担任（职务）；承当（义务或刑罚）。第⑥点为：承认；服从；信服。"务"：从事；致力。"服务"就是为集体（或别人）的利益或为某种事业而工作。

我们这样来定义"服务"：服务就是在业务范围内，为了满足服务对象的需要，通过一定的方式和活动，使旅客从中受益的一种有偿或无偿的活动。简单来说，服务就是满足别人期望和需求的行动、过程及结果。服务的实施过程可以在为旅客提供有形产品上完成，也可以在为旅客提供无形产品上完成。

二、服务特征

与普通的有形产品相比，服务具有以下几种特征：

（一）无形性

无形性是服务最为显著的一个特征，服务的本质是无形的。尽管旅客在旅行的过程中能看到火车、车站和客运服务人员，但这些有形实体并不是服务的本质。服务的本质是旅客的位移服务，这是无形的，是需要在服务过程中体验和感受的。

（二）差异性

服务无法像有形产品那样实现标准化，每次服务带给服务对象的体验、服务对象感知的服务质量都可能存在差异。一是服务人员的原因，如心理状态、服务技能、努力程度等，即使同一服务人员提供的服务在质量上也可能会有差异；二是服务对象的原因，如知识水平、兴趣爱好等也直接影响服务的质量和效果；三是服务人员与服务对象间相互作用的原因，在不同次服务过程中，即使是同一服务人员向同一服务对象提供的服务也可能会存在差异。

（三）不可分离性

服务的过程必须有服务的提供者与消费者同时参与，也就是说服务人员向服务对象提供服务时，也正是服务对象消费服务的时刻。旅客只有在选择火车出行时才能享受到相应的铁路客运服务。

（四）不可储存性

服务产品因无形而无法像有形产品那样进行储存。仓储货运、客运、旅游以及其他任何服务，都无法在前一年生产、储存起来，然后在下一年进行销售或消费。

（五）与所有权转移无关

在服务的生产和消费过程中不涉及任何东西的所有权转移。例如，旅客购买车票，从北京去往上海，路途中乘坐的火车，提供服务的客运服务人员及车站这些实体所有权并没有转移给旅客，车站仅仅是提供服务的工具或载体。

（六）利他性

服务不是自产自足的活动，不是为满足自己、家人和朋友需要的活动，而是为满足他人需要开展的活动。家庭主妇做家务不是服务，而家政服务人员为他人提供的是家政服务。

三、服务意识

服务意识是服务人员所体现的热情、周到、主动的服务欲望。要想成为一名优秀的铁路客运服务人员，首先应有全心全意为旅客服务的意识。只有怀着为他人服务的心理，为每位旅客着想，才能提供优质的服务。作为铁路客运服务人员，培养良好的服务意识是提供优质服务的前提。

服务意识是自觉主动做好服务工作的一种观念和愿望，它发自服务人员的内心，是服务人员的一种本能和习惯，是可以通过培养、教育、训练形成的。

（一）服务"三A"原则

服务"三A"原则是美国学者布吉尼教授提出来的，就是三个以"A"开头的英语单词，其中文意思分别是"接受(accept)""重视(appreciate)""赞美(admire)"。"三A"原则的基本要求包括以下内容：

1. 接受服务对象

接受服务对象，要求不论服务对象是谁，不论服务对象的素质如何，我们都应积极、热情、主动地去接近服务对象，亲和、友善地接受服务对象，不能怠慢、冷落服务对象，更不能挑剔、排斥服务对象。这不仅体现在思想上，更应该体现在实际行动上。

2. 重视服务对象

"要让服务对象感到被重视"，这是许多服务企业再三强调的服务观念。

旅客希望受到重视，这绝不仅仅是被"礼貌服务""微笑服务"。旅客希望我们认真对待和仔细聆听他们的要求，向他们提供详细的信息并正确回答他们的问题，留意他们心中的想法，留意他们想说而没有说出来的话。

3. 赞美服务对象

欣赏旅客、赞美旅客会让旅客获得极大的快乐。人人都渴望掌声与赞美，哪怕只有一句简单的赞语。适当得体的赞美，会使人感到开心、快乐，被赞美的人会给你意想不到的反馈。

我们在赞美服务对象的时候，要注意以下原则：

（1）适可而止。赞美对方要把握好分寸，否则，会使赞美本身贬值，对方会觉得赞美没有任何实际的意义。适可而止的赞美能够让服务对象感受到我们的真心服务，从而体现赞美的作用。真正的赞美是建立在实事求是基础上的。

（2）因人而异。对赞美的渴望程度是因人而异的，对赞美的内容要求更是因人而异。面对一位真正美丽的姑娘，才能夸她"漂亮"；面对相貌平平的姑娘，称她"气质好"才得体。要善于观察，发现对方的优点并进行赞美，而不能不看对象，胡乱赞美一通。只有因人而异的赞美，才能取得更好的效果。

（二）服务黄金法则

服务黄金法则就是想要别人怎样对待你，你就怎样去对待别人。

美国著名作家、学者爱默生在文章《报酬》中写道："每一个人会因他的付出而获得相对的报酬。""在生活当中，每一件事情，都存在着相等与相对的力量。"也就是说，不管你付出多少，你永远会得到与付出相对应的报酬，你今天的收入是你过去努力获得的报酬。假如你要增加报酬，你就要增加你的贡献价值。从长远来看，你获得的报酬绝对不会超过你的付出。

一个人的快乐感与满足感、事业与人生的收获，都是付出的结果。生命当中最大的满足感，生活中最喜悦的事情，永远来自你为别人所提供的服务之中。

在报酬法则之外还有另外一种超额报酬法则：只要你在提供服务上多下功夫，你的回报一定会增加。永远多走一里路，永远做多于所应当做的。当你在不断地付出多于你所应当付出的，你就一定会获得加倍的补偿。

服务者永远要记住这句话："任何一分私下的努力，都会有双倍的回报。"

项目一　铁路旅客服务认知

（三）服务白金法则

服务白金法则是美国的托尼·亚历山德拉博士与迈克尔·奥康纳博士研究的成果。

服务白金法则的精髓就在于"别人希望你怎样对待他们，你就怎样对待他们"。从研究别人的需要出发，然后调整自己的行为，运用我们的智慧和才能使别人过得轻松、舒适。运用到铁路运输服务中，其本质是以旅客为中心，满足旅客的消费需求，为旅客创造价值，使旅客价值最大化，旅客成本最小化。

学会真正了解旅客，然后以他们认为最好的方式对待他们，而不是以我们认为好的方式。这一点还意味着要善于花些时间去观察和分析旅客的心理，然后调整我们的服务产品和服务行为，以便让他们觉得更称心、自在。服务白金法则意味着不论旅客让我们做什么，只要旅客的要求不违反法律、不违背社会公共道德以及不涉及客运安全，我们都必须按照旅客的意愿去做。在服务的时候谨记自己的工作角色，全心全意去尊重旅客的价值观念。这就是服务白金法则。

在运用服务白金法则时，有三个要点必须注意：

（1）旅客行为合法。旅客行为合法是前提，法律是服务的底线。当然，由于服务的特殊性，安全是所有工作的重中之重。所以，旅客的行为还要符合安全的需要，符合社会道德规范，我们不能简单地认为旅客要什么就给什么。

（2）服务应以旅客为中心，服务产品的设计以旅客需要为出发点，服务质量标准以旅客满意为起点，服务规定及服务礼仪以方便旅客为前提。旅客需要什么，我们就要尽量为旅客提供什么。

（3）旅客的需要是基本的标准，而不是说我们想做什么就做什么。

（四）服务意识培育

作为企业，特别是铁路服务行业中的企业，服务意识必须作为员工的基本素质要求加以重视。服务意识决定着服务态度和服务行为，加强工作人员服务意识的培育，有助于提高企业的服务质量。

1. 建设良好的企业文化

企业文化是指企业在一定社会经济条件下，通过社会实践所形成的具有自身特色，并为企业全体成员所遵循的共同意识、价值观念、职业道德、行为规范和准则的总和。

作为以服务为主导的铁路旅客服务企业，企业文化在塑造和影响客运服务人员服务意识方面的作用尤为显著，服务意识直接影响着服务行为。建立真正的以旅客为中心的服务文化，有利于服务组织倾听旅客的声音，积极发现旅客的需求，为服务创新提供可能。服务文化是以服务价值观为核心，以实现旅客满意、提升企业核心竞争力为目标，以形成共同的服务价值认知和行为规范为内容的文化。

企业价值观念对员工的影响是深远的，从思想上、行动上看都十分明显。如果铁路客运服务人员了解自己企业的特点，认识到自己工作的价值和意义，就会产生热爱本企业的荣誉感和自豪感，以主人翁的姿态积极工作，激发员工巨大的工作热情，规范自己的行为，主动为旅客提供最满意的服务，所以，企业文化是铁路运输服务企业的生命线。

2. 培养铁路客运服务人员的角色心理

为了提高服务水平，应培养铁路客运服务人员的角色认知能力。"角色"一词，原指演员在戏剧舞台上根据剧本所扮演的某一特定人物。在社会学中，则是指每个人作为社会一分子，在社会大舞台上所扮演的人物形象。

角色定位指的是每个人在工作过程中必须准确地定位好自己所需要扮演的角色。角色认知指每个员工根据社会对自己所扮演角色的常规要求、限制和看法，对自己行为进行适当的自我约束。

社会组织对每个人都有行为的期待，要求每一个社会成员认清自己的地位和身份，扮演自己的角色，按照社会、组织所期望的去做，以保持良好的社会秩序和正常生活。角色的概念与人的概念不同，一个角色代表不了一个完整的人，只代表一个人的某个侧面，而一个人可以具有不同的身份，扮演不同的角色，通常每个人同时扮演着多重角色，每个人都是不同的角色群。例如，一个铁路工作者在单位可以是站长、工会会员，在家庭则是丈夫、儿子等。

铁路客运服务人员在工作过程中，应清楚在不同的时间、地点、场合下，自身所担当的角色。因此铁路客运服务人员要具备以下的角色意识：

（1）亲人角色。

铁路客运服务人员面对不同的服务对象时应明确自己的身份，应该按照旅客的需求不断变换自己的角色。对于老人、孩子、病人等弱势群体，应该扮演亲人等角色，在服务中倾注更多的责任心、爱心和耐心，让他们体会到亲情和温暖。

（2）服务员角色。

服务人员与服务对象是众多社会角色关系中的一种，铁路客运服务人员与旅客的关系是服务与被服务的关系，对旅客承担着社会责任。所以，尊重旅客、关爱旅客是服务人员的职责所在。以旅客利益为核心，则是铁路客运服务人员的信条和座右铭。

铁路客运服务人员与旅客在人格上是平等的，但作为特定的社会角色，在形式上与旅客则是"不平等"的。服务中，我们应该这样理解平等：对所有旅客一视同仁、同等对待；所有旅客购票、订座等机会均等；只要可能，应满足所有旅客最基本的需要；旅客支付费用，享受服务；员工付出服务，获取收入。

以旅客利益为中心指在服务工作中，服务的出发点是旅客的需求，以旅客满意为出发点。优质的服务并非卑躬屈膝，而是以细心、耐心、热心为基础，以旅客为中心，时刻让旅客感受到被尊重。所以，铁路客运服务人员应有"服务员"的角色意识，即使面对情绪激动的旅客也能冷静对待，从而赢得理解和信任。

项目一　铁路旅客服务认知

（3）铁路服务形象的代表者角色。

铁路服务作为窗口行业，每一名员工的服务形象不仅代表着个人，也体现了整个铁路交通运营企业的形象和员工的整体职业素养，关系着企业的生存与发展，每一个铁路人的身上都系着一份责任和义务。一线客运服务人员与旅客的接触是铁路客运服务的第一窗口，旅客对铁路服务的第一印象也是客运服务人员留下的。如果客运服务人员能以良好的情绪、最佳的状态投入工作中，并且传递的是正能量，产生的服务也当然能让旅客欣然接受。反之，如果客运服务人员本身就状态不佳、情绪失控，通过服务传递给旅客的是消极情绪，所产生的服务也就不会让旅客满意。所以，铁路客运服务人员一定要具有"我是铁路服务形象代表"的角色心理，自觉地为这个形象代表增光添彩。

（4）旅客的参谋角色。

俗话说"出门难"，即旅客乘车出门难免会遇到许多困难，如列车晚点、乘错车、坐过站、遗失财物等。这个时候，旅客往往希望得到车站和相关工作人员的帮助。铁路客运服务人员不能认为，只有人和物的安全位移才是我们的工作，其余的都不是我们的工作职责。而应该尽可能利用信息灵通的优势，积极为旅客出主意，想办法，当好参谋。

（5）调解人角色。

一个组织不管被管理得多么好，总会遇到或多或少的冲突或问题。铁路客运服务人员要善于处理冲突和解决问题。一是解决旅客的投诉，化解旅客在铁路运营过程中产生的各种抱怨与冲突等；二是解决旅客与旅客之间的摩擦，必须想方设法排除一切干扰，保证客运目标的顺利实现。

总之，对不同的旅客，需要不同的角色定位。能找准自己的位置，将角色作用发挥到极致，才是一名合格的客运服务人员。

3. 树立正确的服务意识

每一个铁路客运服务人员都必须树立正确的服务意识。

（1）提倡"没有任何借口"的服务准则。

任何借口都是推卸责任，在责任和借口之间，选择责任还是选择借口，体现了员工的工作态度和服务意识。如果在服务出现问题的时候，每个人都努力寻找借口来掩盖自己的过失，推卸自己本应承担的责任，找出一些冠冕堂皇的借口，以换得旅客的理解和原谅，从而掩盖过失，换取心理上暂时的欣慰。但长此以往，因为有各种各样的借口可找，心理上就会疏于努力，不再想方设法去争取为旅客提供最好、最满意的服务，而是把大量时间和精力放在如何寻找一个合适的借口上。

"没有任何借口"的行为准则，它强调的是每一个员工想尽办法去完成任何一项任务，而不是为没有完成任务去寻找借口，哪怕看似合理的借口。

"没有任何借口"是无数商界精英秉承的理念和价值观。它体现的是一种完美的执行能力，一种服从、诚实的态度，一种负责、敬业的精神。

对服务工作而言，旅客不满意时不要找任何借口。正确的服务意识、强烈的服务观念，就要求我们把服务当成心爱的事业，把旅客当成"心爱的人"，细心、精心、留心，为旅客提供体贴入微的、让旅客感到舒心的服务；投入真情，以真诚赢得旅客忠诚，最后达到价值双赢的服务；用心、用脑、用艺术和智慧，最后达到"优质服务"。

（2）落实首问责任制。

娴熟的服务技能是铁路客运服务人员必备的专业素养和基础，用心用情服务是铁路客运服务人员最基本的工作职责和要求。

首问责任制是在铁路旅客服务工作中，当旅客提出服务需求时，不管与自己的岗位、职责、业务领域有无关系，都要主动地把自己当成实现旅客需求的第一责任人，自觉地想尽办法力求在第一时间让旅客满意，不允许以任何理由或借口推托、搪塞或敷衍，直至问题得到解决或给予明确的答复。首问责任人是接待旅客的第一位工作人员。首问责任制可以更全面地做好旅客服务工作，使服务意识深入人心，提高服务质量，使铁路客运服务人员树立良好的对外形象。

首问责任人应履行的基本职责包括：

①自己岗位职责、业务分工内的或能处理的事务，立即当场处理，给旅客满意答复。

②自己不能处理的事务，及时将该事项导办到相关人员手中。

③相关人员暂时不在岗，应代为接收，负责转办并跟进处理情况；责任无法明确区分或情况紧急、重大时报相关领导并跟进处理。

④对来电、来人的联系方式、事务详情，准确记录。

⑤热情接待、耐心倾听、热心导办、逐一解答、语言文明。急其所急、想其所想、尽心尽职为旅客排忧解难。

四、服务质量差距分析

（一）服务质量概念

服务质量是指服务能够满足规定或潜在需要的特征和特性的总和，是指服务工作能够满足被服务者需求的程度，是企业为使目标旅客满意而提供的最低服务水平，也是企业保持这一预定服务水平的连贯性程度。

无论是有形产品的生产企业还是服务业，服务质量都是企业在竞争中制胜的法宝。服务质量的内涵与有形产品质量的内涵有区别，旅客对服务质量的评价不仅要考虑服务的结果，而且要涉及服务的过程。

（二）服务质量要素

服务质量要素包括五个方面：可靠性、响应性、保证性、移情性和有形性。

1. 可靠性

可靠性是指客运服务人员可靠、准确地履行服务承诺的能力。可靠的服务行为是旅客所期望的，意味着服务以一定的方式、无差错地准时完成。

2. 响应性

响应性是指客运服务人员帮助旅客并迅速有效地提供服务。服务传递的效率还从一个侧面反映了企业的服务质量。

3. 保证性

保证性是指员工所具有的知识、礼节以及表达出自信和可信的能力。服务质量的保证性增强了旅客对企业服务质量的信心和安全感。当旅客与一位友好、和善并且学识渊博的服务人员打交道时，他会认为自己找对了公司，从而获得信心和安全感。友好的态度和胜任能力是缺一不可的。服务人员缺乏友善的态度会使旅客感到不快，而如果他们的专业知识懂得太少也会令旅客失望。

保证性的衡量标准有：完成服务的能力、对旅客的礼貌和尊敬、与旅客有效的沟通、将旅客最关心的事放在心上。

4. 移情性

移情性是指客运服务人员设身处地为旅客着想并且对旅客给予特别的关注。移情性包括接近旅客的能力、敏感和有效地理解旅客需求。

5. 有形性

有形性是指旅客通过视觉能察觉到的设施、设备、人员等有形的东西。有形的环境是服务人员对旅客更细致的照顾与关心的有形表现。

旅客从这五个方面将预期的服务和接受的服务相比较，最终形成自己对服务质量的判断，期望与感知之间的差距是对服务质量的量度。从满意度看，既可能是正面的也可能是负面的。

（三）服务质量差距模型及意义

1. 服务质量差距模型

测量服务期望与服务感知之间的差距是服务领先的服务企业了解顾客反馈的经常性过程。20世纪80年代中期到90年代初，美国营销学家帕拉休拉曼、赞瑟姆和贝利等人提出了服务质量差距模型。该模型又称为"5GAP"模型，专门用来分析质量问题的根源。服务质量差距模型（图1-1）显示，服务质量差距分为以下五类：

（1）认知差距，即消费者的期望与管理者对这些期望的感知之间的差距。

（2）标准差距，即管理者对消费者期望感知与管理者制定的服务质量标准之间的差距。

（3）服务质量规范差距，即服务质量标准与实际提供的服务之间的差距。

（4）宣传差距，即实际传递的服务与对外沟通之间的差距。

（5）感知差距，即消费者对服务的期望与实际获得的服务感知之间的差距。

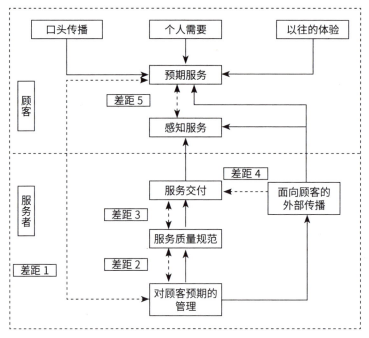

图 1-1 服务质量差距模型

服务质量差距模型指出,感知差距是服务质量差距模型的核心。要弥合这一差距,就要对其他四个差距进行弥合:

差距 1: 不了解旅客的期望。
差距 2: 未选择正确的服务设计和标准。
差距 3: 未按标准提供服务。
差距 4: 服务传递与对外承诺不相匹配。

服务质量差距越大,旅客对企业的服务质量就越不满意。因此,服务差距分析可以作为复杂服务过程控制的起点,为改善服务质量提供依据。

2. 服务质量差距模型的意义

(1) 缩小管理者认识的差距(认知差距)。

该差距指管理者对旅客期望质量感觉不明确。改善措施为:①准确把握市场需求信息;②使用准确分析数据的方法;③加强企业管理者与客户之间的互动。

(2) 缩小质量标准差距(标准差距)。

该差距指服务质量标准与管理者对质量期的认识不一致。改善措施为:①首先明确服务质量管理目标;②统一管理层对旅客期望的认识;③设立专门机构管理和制定服务质量标准。

(3) 缩小服务交易差距(服务质量规范差距)。

该差距指在服务生产和交易过程中员工的行为不符合质量标准。改善措施为:①制定容易理解执行的服务质量标准;②用技术手段代替部分分工服务。

（4）缩小营销沟通差距（宣传差距）。

该差距指营销沟通行为做出的承诺与实际提供的服务不一致。改善措施为：①确保传播的信息与承诺相一致；②对于旅客不盲目承诺；③慎重使用传播宣传用语。

（5）缩小期望的服务质量与感知的服务质量的差距（感知差距）。

该差距指感知或经历的服务与期望的服务不一样。这会导致旅客消极的质量评价影响企业形象以至于减少业务等后果。要提高感知服务质量应从其他四个方面的服务质量差距着手，尽量缩小差距，使旅客满意。同时，由于这些差距难以完全避免，进行及时的服务补救也是提高服务水准的重要途径。因此，服务质量差距模型意在为企业指明提高服务质量的方向。

任务实施

认识服务，探讨服务的特征，深入理解服务质量差距模型，提升服务意识，探讨对旅客服务的理解。

任务评价

任务评价表

项目任务	认识服务			
班 级		姓名		评价时间
考核内容				
考核项目	考核标准		分值	得分
认识服务	1. 对服务的理解		30	
	2. 服务质量差距的分析		30	
	3. 探讨如何提升铁路旅客服务意识		40	
指导教师意见				
说明：建议采用四级评分制（如 90%~100%，80%~90%，60%~80%，<60%）				

任务二 认识铁路旅客服务

知识导读

复兴号上竟然有"占座"专用灯

在复兴号列车行李架下方有三个对应着座位号的指示灯：红色代表该席位当前站有旅客（已售）；绿色代表该座位当前站没有旅客，下一站也没有旅客（未售）；黄色代表该席位当前站没有旅客，但下一站会有（预售）。

同步思考

（1）今天的铁路旅客服务让你有什么感受？

（2）你对未来的铁路旅客服务工作有哪些新的认识？

一、铁路旅客服务概述

（一）铁路旅客服务的概念

从狭义的角度看，铁路旅客服务就是通过铁路客运服务人员向旅客提供一定的劳务活动，即提供安全、迅速、舒适的服务，满足其在旅行中的愿望和旅行生活方面的需要。同时，铁路旅客服务还有更丰富的内涵。

（1）从广义角度看，铁路旅客服务不仅单纯地涉及服务技巧，还包括铁路企业所提供的各项内外设施，是有形设施和无形服务共同组合而成的有机整体。

（2）从旅客的角度看，铁路旅客服务是旅客在消费过程中所感受到的一切行为和反应。可以说这是一种经验的感受，也可以说是铁路企业及服务人员的表现给他们留下的印象和体验。

（3）从铁路服务企业的角度看，铁路旅客服务的本质是员工的工作表现。这是铁路企业提供给旅客的无形产品。

（二）铁路旅客服务的内容

铁路旅客服务应最大限度地满足旅客在旅行中的物质、文化、生活等方面的需求，要树立全心全意为人民服务的思想，坚持"全面服务、重点照顾"的原则，文明、礼貌地为旅客提供优质服务。按照出行过程，铁路旅客服务可以分为：出行前的服务、车站服务、车上服务和旅程结束服务。

1. 出行前服务

旅客出行前的服务，主要以提供信息查询为主。提供多种形式的查询方式，使铁路与旅客之间的联系逐步由单一的人工方式扩展到电话、短信、自助、互联网等多种方式，能够为旅客提供24小时不间断的服务。查询的内容主要包括：

（1）查询旅程区间乘坐车次信息。

（2）查询开车时间、停靠站名、到站时间。

（3）查询客票信息，包括席位、票价、里程等。

（4）查询市内售票点及其他售票渠道信息。

（5）查询站内环境与服务设施。

（6）查询市内交通、天气情况、旅游等信息。

2. 车站服务

车站服务包括票务服务、问询服务、候车服务、旅客乘降服务、信息服务以及"人性化"服务等。

（1）票务服务。

票务服务是车站为旅客提供的重要服务内容。车站采用多种售票方式，合理安排售票窗口、自动售票机的数量和位置，以方便旅客购票，并且及时公布售票服务的相关信息（余额、变更）。售票人员应具备熟练的业务技能和良好的工作态度，按标准与规范做好相关票务工作，根据旅客要求按规定售票、换票、退票，并及时统计信息；同时售票员应向旅客提供导购服务、车票挂失、重点旅客全程服务等特色服务，满足旅客的需求。

（2）问询服务。

问询处应设在旅客比较集中的地方，车站的问询处能正确、迅速、主动、热情、耐心地解答旅客提出的各种问题，使旅客在购票、上车及中转换乘等方面获得便利。问询处应根据客流动态及车站具体情况进行宣传和组织工作，尽可能使旅客在旅行中避免出错。

解答旅客问询的方式可分为口头解答（包括电话问询、广播通知、电视问询）和文字解答（包括文字张贴、揭示牌提示）。口头解答问询时要做到"有问必答、答必正确、百问不烦"，让旅客满意。文字张贴内容应通俗易懂，版面要鲜明、美观，夜间应有充足照明。电子揭示牌提示的内容应连续、滚动地显示，为旅客提供方便。

（3）候车服务。

由于铁路客运站"通过式"的运输组织模式，旅客候车服务内容将逐步弱化，同时某些服务的方法和接触模式将会改变，即会有越来越多的自助式服务设施设备代替高接触度的人工服务模式，这既可以提高服务的规范性和标准化程度，又会提高服务效率。

①旅客旅行生活服务。

旅客旅行生活服务包括旅客在旅行过程中生活、工作、学习等方面需求的服务。高铁客运站专门设有休息室、贵宾休息室、快餐店、咖啡厅、洗手间、吸烟区等处所，以满足旅客在休息、餐饮、卫生、吸烟等方面的需求；许多高铁客运站还设有休闲区、手机充电装置、阅览室等，以满足旅客在工作、学习方面的需求。

②购物、娱乐服务。

许多高铁客运站设有特产店以及一些休闲娱乐设施和区域，既可以满足旅客的需求，又可以增加车站的收入。

③寄存服务。

随身携带品暂存处是为旅客临时寄存物品的地方，做好寄存工作能给上车前、下车后的旅客创造便利条件，所以应安全、正确、迅速地为旅客办理寄存。先进的寄存方法是采用双控编码锁寄存柜，旅客可自己选定号码开柜、寄存，既安全又方便，同时又为车站客运服务人员的管理工作创造了良好条件。

（4）旅客乘降服务。

乘降服务工作的目的是迅速集散与疏导旅客、维持车站秩序、对进站人员持用的车票进行检验和加剪。检票前清理站台，安排上要先重点（老、幼、病、残、孕和带婴儿的旅客），后团体，再一般。进站检票时执行"一看（看日期、车次），二唱（唱到站），三剪"制。

站台客运服务人员应坚守检票口等进站通路交叉地点，按距离最短最少的进出站流线组织旅客进出站、上下车。随时做到扶老携幼，督促购物旅客及时上车，保证旅客安全。

维持站台正常秩序。在进出站路线上多设置路标、指示牌等以指明道路。在进出站检票口应做好检票工作、客流统计工作、查堵无票旅客与危险品、爆炸品、易爆品的工作。加强站台巡视，确保旅客安全。

组织中转换乘的旅客在适当地点候车、换乘，保证乘降工作安全、迅速、不乱、不错。

（5）信息服务。

旅客在客运站所需的信息包括：客运业务类服务信息，如列车基本情况信息、列车运行动态信息、交通换乘信息、客票余额及票价信息等，这些服务可以通过车站广播和LED电子屏来实现，还可以通过电视、宣传栏等向旅客提供旅行常识类信息和社会服务类信息，以满足旅客各种需求。

（6）"人性化"服务。

铁路客运站不仅要为普通旅客提供舒适、便捷的服务，而且应该满足特殊旅客的需求，充分体现"人性化"服务理念。特殊旅客主要包括贵宾、团体旅客、母婴及其他特殊旅客(如醉酒旅客、犯人及押送人员等)。

①重点旅客。

由于健康、年龄、生理等方面的原因，某些特殊旅客是很难灵活自如地完成自己的旅行的。高速铁路提倡"人性化"服务，因此应该为他们创建一个方便、安全的活动空间，完善服务信息链，实现线上预约和线下服务全流程闭环管理，提高其日常生活、旅行的自理程度。对行动不便的旅客提供优先进站、专区休息、专人服务、专人帮扶送车服务等。规范重点旅客服务器械标识，在配有轮椅和担架的车站，在规定位置喷涂"路徽＋爱心"的标识。如免费提供轮椅护送旅客上车等。

②贵宾。

由于身份、职务或知名度等方面的特殊性、重要性，无论是到站、购票，还是候车、乘降，车站都要为贵宾提供及时、周到、舒适的特殊服务。

③团体旅客。

团体旅客以团队的形式集体出行，非常强调团结性、组织性、整体性等方面的特殊需求。车站应重视团体旅客的特殊需求，为其提供专门的购票、候车、检票等服务。

④母婴及其他特殊旅客。

高速铁路客运的人性化服务还体现在为母婴及其他特殊旅客(如醉酒旅客、犯人及押送人员等)提供特殊服务，设置爱心服务区、母婴室、儿童娱乐区等，不断地提升特殊旅客出行的舒适感，让特殊旅客能够感受到出行的乐趣与享受。这样具有人文主义关怀的服务方式对于铁路客运服务工作是十分有必要的。

3. 车上服务

车上服务包括车厢服务、信息服务、餐车服务和"人性化"服务。爱心候车室——儿童娱乐区如图1-2所示。

图1-2 爱心候车室——儿童娱乐区

（1）车厢服务。

始发站检票前，铁路客运服务人员应做好各种准备工作，严守车门，扶老携幼，迎接旅客，看票上车。铁路客运服务人员要为上车旅客引导座席及安置随身携带品。开车后，客运服务人员按作业流程进行工作，态度应主动、热情，语言文明、表达得体准确，举止稳重大方，处理问题机动灵活、实事求是。到站前及时准确通报站名，组织旅客安全上下车。

目前，与普速列车相比，动车的车厢服务更舒适、更科学，这主要体现在硬件设施设备上，动车上舒适的车厢（图1-3）、服务备品供应、客运服务人员三个方面。首先，在硬件设施设备方面，高铁列车的座椅较之以前有很大创新：前座上可放下小桌板；座椅可以根据旅客的需要前后调试；整排座椅最大旋转角度为180°，不仅前后排旅客可以面对面交谈，座位方向也可以始终与列车运行方向一致；头顶的货架有紧密的缝隙，抬头便可以看到自己的包裹。其次，在服务备品供应方面，以CRH3型车为例，客运服务备品有保险柜、便民服务箱、收垃圾清洁车(含防漏盘)、衣架、VIP置物架、备品柜、披肩、药箱等，此方面的服务比以前更全面、更人性化。再次，铁路客运服务人员更加注重服务礼仪和服务技巧，列车餐饮服务由专业的餐饮和保洁公司承担，客运服务人员提供的餐饮和应急服务、保洁人员提供的卫生服等都有严格的规定和明确的标准。列车上不再配有餐车，取而代之的是吧台式服务。

图 1-3　动车上舒适的车厢

（2）信息服务。

旅客在列车上所需信息主要通过铁路客运服务人员广播、现场解答或阅读列车配备的 CRH 动车旅客服务指南、休闲杂志、安全须知、CRH 宣传图片、简明时刻表、旅行常识等获得。

关于广播服务，运行时间在 3 小时以内的列车，一般只播迎送词、服务设备介绍、安全提示、站名和背景音乐。运行时间超过 3 小时的列车，可在不干扰旅客休息的前提下，适当增加播放内容。

（3）餐车服务。

做好餐车服务，让旅客的满意度从舌尖走向心尖。餐车服务推出餐车摆台、餐巾折花、插花等。每趟车始发的时候，都会为餐车设计艺术桌台，让旅客们既饱口福又饱眼福。列车餐饮不仅有传统的盒饭、泡面，还增加了水果、小食品等。盒饭改用一次性分格式的食用塑料餐盒，上面盖有透明的盒盖，可以装三个菜、一份米饭。为了保证菜品口味和口感，餐车还推出了"单锅小炒"等，提高了服务质量。

（4）"人性化"服务。

为了给重点旅客提供"人性化"服务，高铁列车的一等座位车厢的厕所里，设有供残疾人使用的坐便器，坐便器上的垫圈还能根据天气和温度变化感应调整。坐便器旁边，还有为残疾人准备的 SOS 紧急呼叫设施。墙壁上有可拉下的婴儿护理台，可以将婴儿放在护理台面上更换尿片。高铁上的护理台如图 1-4 所示。

4. 旅程结束服务

旅程结束服务主要以投诉受理，意见、建议的收集为主，主要包括以下内容：

（1）旅客投诉受理、处理及反馈：投诉处理服务在旅客服务中心和车站都设置投诉处理平台（中心）。旅客

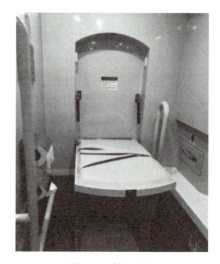

图 1-4　护理台

可以通过网络、电话、电子邮件、信函等形式进行投诉和建议。

（2）意见、建议的收集及反馈：投诉中心对投诉信息进行收集、分类、归档、存储，不能自动收集的信函、电话录音等，对其进行人工编辑整理。对投诉和建议分别归类，按不同的方式进行应答和处理。

（3）统计分析与报表：对投诉和建议信息进行统计分析，形成报表，为以后工作的改进提供参考。

二、铁路旅客服务技能

（一）铁路旅客心理认知

铁路服务过程中旅客存在很多心理现象，了解旅客心理特点及变化规律，对旅客心理做出透彻分析，以便满足不同个性化旅客的服务需求，对提高铁路服务质量具有重要意义。

1. 旅客知觉

旅客知觉是当前铁路服务环境在旅客头脑中形成的直观形象的反映。它反映的不是旅客服务的个别属性，而是铁路旅客服务的整体，是对大量自己所能感觉到的有关铁路旅客服务信息进行综合加工后形成的有机整体。旅客对铁路客运服务的知觉，主要体现在两个方面：

（1）旅客对铁路的知觉。

旅客对铁路的知觉包括对出行环境的知觉和对车次、列车的知觉等。对出行环境的知觉包括卫生、秩序、色彩、空调温度、服务设施等方面的感觉，对车站、列车的知觉包括乘车是否方便、座位是否舒适等。

（2）旅客对客运服务人员的知觉。

旅客对客运服务人员的知觉包括客运服务人员的仪容、仪表是否整洁大方，服务礼仪是否规范，服务表情是否亲切，服务语言是否文明等，其中客运服务人员和旅客的首次接触在旅客知觉中起到重要的作用。

作为一名铁路客运服务人员，在对待旅客的知觉时应该努力克服心理上的某些定式效应，不能以旅客的衣着或者言行来服务，更不能因为对某一旅客给自己的第一印象不好而采取消极态度或故意不为他服务等，从而影响到自己的服务质量甚至是铁路的声誉。

2. 旅客态度

（1）旅客态度的构成。

态度是个人对某一特定对象所持有的较稳定的评价与行为倾向。铁路旅客态度对其选择出行方式的影响主要体现在旅客对铁路服务的好恶评价和价值判断方面。

旅客态度主要有以下三个维度：

①认知成分。

认知成分是指个人对态度对象的认识和理解，是态度的基础成分。这里既包括旅客对铁路的认识和理解，也包括对铁路运输服务的评价。

②情感成分。

情感成分是指个人对态度对象的情感体验，如爱憎、好恶等，是态度的核心成分。这里是指旅客对铁路出行产生的情绪情感体验，如感动、愉快、满意、讨厌等。

③意向成分。

意向成分是指个体对态度对象的反映倾向或采取行为的准备状态，会影响人们将来对态度对象的反映，但它不等于外显行为。这里是指旅客对铁路出行的反映倾向。

（2）旅客态度的转变。

在旅客出行期间，其态度对象主要是铁路客运服务人员、客运设施设备以及其他铁路要素等。旅客对铁路服务的态度一旦形成，就具有持久稳定性，很难发生改变。它决定了旅客对不断变化的铁路环境的忍耐度的高低，也预示了旅客对铁路反应模式的某种规律性。影响旅客态度转变的因素很多，包括宣传手段是否合适、旅客是否积极参与、周围群体是否对旅客服务态度发生改变等。

对于旅客态度，铁路客运服务人员应想方设法把其转变到其希望的水平上。在掌握旅客态度(即消极态度、中立态度、积极态度和积极态度的强化)的基础上，根据具体的服务环境选择合适的转变态度的方式。如通过增加旅客对铁路产品的信息认知、对服务的信赖程度等，展示铁路运输人性化服务的特点，降低旅客态度转变的难度。

同时，铁路客运服务人员还要注意通过热情、积极的态度去感化旅客，消除双方的偏见和隔阂，将有助于调和旅客和客运服务人员之间的关系，使服务过程顺利进行，进而提高服务质量。

3. 旅客的服务期望

（1）旅客的服务期望含义。

服务期望是指在旅客心目中客运服务应达到和可以达到的水平。铁路客运服务人员如果提供的实际服务高于旅客期望值，则旅客满意，反之则不满意。

不同的旅客对铁路旅客服务持有不同类型的服务期望状态：一是理想服务期望，二是适当服务期望，三是预测服务期望。理想服务期望，反映旅客希望得到的服务；适当服务期望，是指旅客愿意接受的服务，是最低的可接受的期望；预测服务期望，反映旅客认为其可能得到的服务。

例如，一位旅客，根据以往春运期间乘车的经验，认为回家的车票很难买，车上的服务也很差，因此只期望能买到票、回得了家即可。但由于之后的一年春运，铁路在这条线路上增加了两趟临客，他很方便地买到了座位票，而且车上的服务与平时相比也没有下降，使他很顺利地回到了家，那么他对铁路的满意度就相当高。在这个例子里，旅客的理想服务期望就是能像平时一样买到座位票，顺利回家；适当服务期望就是能买到一张回家的无座票并能上车就可以，哪怕整个旅途服务质量有所下降也能接受；预测服务期望就是旅客对春运期间自己乘车状况的一种可能性的考虑。

服务水平的高低直接影响旅客的心理感受。高于理想服务期望水平，旅客非常高兴并感到吃惊，积极的服务方式引起了旅客的注意；低于适当服务期望水平，旅客感到受挫并对铁路的满意度降低，消极的服务方式也在旅客的心中留下了深刻的印象。

（2）影响旅客服务期望的因素。

影响旅客服务期望的因素有很多，一般可分为影响理想服务期望的因素、影响适当服务期望的因素和影响预测服务期望的因素。

① 影响理想服务期望的因素。

影响理想服务期望的因素包括忍耐服务的强化和个人因素两种。忍耐服务的强化，一方面受到派生服务期望的影响，另一方面受个人服务理念的影响。派生服务期望指的是某旅客的期望受到另一群人期望的驱动，例如，一趟列车严重晚点，而铁路又没有解释原因，到了终点站如果多数旅客倾向于拒绝下车，那么原先没有这种想法的旅客一般也会选择这种做法。个人服务理念指的是旅客对于服务的意义和旅客服务正确行为的根本态度。个人因素指的是每个旅客由于自身心理条件的不同，因此各自的理想服务期望也是不一样的。

② 影响适当服务期望的因素。

a. 暂时服务强化因素。

通常是短期的、个人的因素使旅客更加认识到服务的需要。在个人迫切需要服务的紧急情况下，旅客会提高适当服务期望水平，尤其在认为所需要的是铁路可以达到的服务水平时。当初始服务失败时，对补救服务的适当服务期望水平将会提高。

b. 可感知的服务替代物。

可感知的服务替代物指旅客可以获得服务的其他提供商，如旅客可选择的出行方式有铁路、公路、航空及水运。当民航在2005年出台了航班晚点的补偿规定后，旅客也会对铁路的晚点提出相应要求。旅客可感知的服务替代物的存在提高了适当服务期望的水平，缩小了容忍区域。

c. 自我感知的服务角色。

自我感知的服务角色指旅客对所接受的服务水平施加影响的感知程度。明确说明所期望的服务水平的旅客，可能对铁路没能提供该水平的服务更为不满。如果旅客在服务传递中对服务施加了影响，对适当服务的期望就会提高。

d. 环境因素。

环境因素指旅客认为在交付服务时不由服务提供商所控制的条件。一般而言，环境因素暂时降低了适当服务的水平，扩大了容忍区域，如春运期间的旅客对于服务质量的下降会表现出相当的宽容。

e. 预测服务。

预测服务指旅客相信他们有可能得到的服务水平。这种服务期望可以看作旅客对即将进行的交易或交易中可能发生的事件的预测。

③ 影响预测服务期望的因素。

a. 明确的服务承诺。

明确的服务承诺是铁路传递给旅客的正式的和非正式的说明。明确的服务承诺既影响理想服务水平又影响预测服务水平。

b. 含蓄的服务承诺。

含蓄的服务承诺是与服务有关的暗示。含蓄的服务承诺往往被与服务有关的价格和有形性印象控制。一般而言，价格越高，有形性印象越深，旅客的服务期望也越高。如旅客购买了特快空调车、动车组列车的车票，那么他一定会有能享受较好服务的暗示。

c. 口头交流。

口头交流是指由当事人而不是铁路发表个人及非个人的言论，专家、朋友和家庭也是可以影响理想和预测服务水平的口头交流的来源。由于口头交流被认为没有偏见，所以是很重要的信息来源，特别是对于旅客运输这种在购买和直接体验之前难以评价的服务中，口头交流非常重要。

d. 过去的经历。

过去的经历是指旅客以往的服务体验。如果原来的服务体验好，那么旅客对服务的预期就高。

影响旅客服务期望的因素包括可控因素和不可控因素。明确的服务承诺和含蓄的服务承诺是影响旅客服务期望的可控因素。个人需要、暂时服务强化因素、可感知的服务替代物、自我感知的服务角色、口头交流、过去的经历、环境因素、预测服务是影响旅客期望的不可控因素。

（二）铁路旅客需求分析

需要是有机体内部的某种缺乏或不平衡状态，它表现为有机体的生存和发展对某些客观条件的依赖性，它是有机体活动积极性的源泉。

1. 旅客心理需求的总体表现

（1）安全心理。旅客乘车旅行最根本的需要就是安全的需要，它包括人身安全和财产安全两个方面。在旅客服务过程中，努力实现旅客旅行安全心理需求，这是所有客运服务人员的首要工作。要求铁路服务企业加强社会、铁路沿线、车站和列车的治安管理，从技术装备上提高载体的安全性，从安全管理上提高客运服务人员对不安全因素的预测和及时处理的能力。

（2）顺畅心理。这是旅客的一个共性心理需求。能够顺利地买到自己需要的车票，能够顺利地找到座位，能够买到经济、卫生、可口的食品，能够正点到达终点，有充裕的时间赶上接续换乘的列车，等等。这些都是旅客出门旅行的顺畅心理需求。

（3）快捷心理。随着社会的发展，"快捷"成为旅客一个主要需求。缩短旅行时间，迅速到达目的地，可以节约时间，同时减少旅行疲劳。

（4）方便心理。方便的需要表现在购票、进出站、上下车以及中转乘车等方面的便捷性。

（5）经济心理。这表现在旅行需要的满足程度与所付出的费用和时间相比较，旅客希望在一定需要的满足程度之下，所付出的费用和时间最少。

（6）舒适心理。随着人们生活水平的提高，旅客对舒适性方面，如乘车环境、文化娱乐、饮食、休息等的要求也相应提高。这种需要的强度和水平受多种因素影响，特别是旅行时间的长短往往起着决定作用。

（7）受尊重的心理。每一位旅客都希望自己的人格、习俗、信仰、愿望受到客运服务人员的尊重，能看到热情的笑脸，听到友善的话语，体验到铁路这个临时大家庭的温暖。旅客在乘车过程中一旦人格受到羞辱，自尊心受到伤害，便会对客运服务人员产生反感，甚至可能导致双方的冲突。

2. 旅行中心理需求表现

（1）购票。

首先是购票前的心理，反映在对乘车线路、车次、购票时间、购票地点、购票手续、车票紧张情况等旅行信息的了解方面。

其次是购票时心理。旅客希望售票窗口按时售票，有良好的秩序，排队不需要太长时间，售票员服务热情，售票准确无误，能够买到符合个人要求的乘车日期、车次、座别的车票。希望有预售、送票等多种服务项目。

考虑从住地到达车站所需要的时间，以及市内交通工具的选择。旅客常常担心赶不上车，所以总要提前一段时间到达车站。

（2）进入车站及上车。

在车站等候上车时的心理活动表现为多种形式，主要表现为：

一是能否顺利进入车站。

二是希望检票地点明显，寻找到候车地点，希望候车场所清洁、温度适宜、空气清新、照明充足、各种揭示牌简明，广播明了、清楚等。

三是信息不清楚时希望一次能够得到清楚、正确的回答，担心服务人员态度生硬，回答时不耐烦、不清楚等。

四是候车旅客多时，担心进站拥挤，希望能按时、有秩序地排队检票进站上车。

五是漏旅时能得到车站及时处理。

（3）车上旅行。

在车上，旅客的需要主要表现为：一是在硬座车厢内乘车，希望能够迅速找到座位，放置好物品。希望车内卫生整洁、不拥挤，饮水、饮食方便，服务人员热情，能够提前通报到站站名，有一定的娱乐设施。二是在卧铺车内乘车，希望列车环境清洁、安静，得到舒适的休息，旅行途中不被打扰。三是在餐车用餐，希望用餐方便，食品卫生可口、质量好、价格适宜。旅客更希望能够将饮食送到车厢或买到其他经济食品食用。四是在沿途大站站台上购物，希望能够买到当地土特产品和风味食品。

（4）到站下车及出站。

当到达目的地车站后，旅客会考虑到托运物品的提取，城市交通工具的选择，饮食、旅馆等方面问题，希望能够有秩序、迅速出站；有亲友接站的旅客，希望能够很快见到迎接的亲友；等等。

（5）继续乘车旅行。

如果旅客到站后在短暂的停留之后要继续乘车旅行，需要解决中转签字或重新购票以及在停留地的住宿、饮食等方面的问题。

三、铁路客运服务人员的服务要求

（一）铁路客运服务人员的基本要求

服务就是 SERVICE，它的每个字母都有丰富的内涵。

（1）S——smile（微笑）：客运服务人员应该对每一位旅客提供微笑服务。

（2）E——excellent（出色）：客运服务人员将每一服务程序、每一微小服务工作都做得很出色。

（3）R——ready(准备好)：客运服务人员应该随时准备好为旅客服务。

（4）V——viewing(看待)：客运服务人员应该将每一位旅客看作是需要提供优质服务的贵宾。

（5）I——inviting(邀请)：客运服务人员在每一次接待服务结束时，都应该显示出诚意和敬意，主动邀请旅客再次乘坐本次列车。

（6）C——creating(创造)：客运服务人员应该想方设法、精心创造出使旅客能享受其热情服务的氛围。

（7）E——eye(眼光)：客运服务人员始终应该以热情友好的眼光关注旅客，察觉旅客心理，预测旅客要求，及时提供有效的服务，使旅客时刻感受到客运服务人员在关心自己。

（二）铁路旅客服务人员的综合素质要求

1.思想素质

（1）热爱祖国、热爱铁路事业、热爱本职工作。

（2）遵守国家法律、法规和铁路行业管理规章制度，自觉维护旅客和企业合法权益。

（3）尊重旅客的民族习俗和宗教信仰，对不同种族、国籍、民族的旅客一视同仁。

（4）有高度的工作责任心，诚实守信，敬业爱岗，忠于职守。

（5）爱护站、车设备设施，不占有、浪费服务备品和餐饮供应品，廉洁自律，公私分明。

（6）尊老爱幼，谦虚谨慎，真诚热情，努力树立站、车工作人员良好形象。

2.业务素质

（1）勤奋学习，钻研业务，有较高的文化素养和较全面的专业知识。

（2）能运用普通话，熟练掌握常用英语对话，具备良好的语言表达和文字写作能力。

（3）了解旅客的不同心理需求及心理特点，掌握相应服务技巧。

（4）熟知作业程序和标准，熟练使用服务设备设施，能为旅客提供及时、准确的服务。

（5）熟知安全措施和应急预案，熟练使用安全设备设施，具备妥善处理突发事件的应急、应变能力。

3. 心理素质

（1）调控情绪。

了解旅客的不同心理需要及心理特点，掌握相应的服务技能和技巧，主动热情地开展工作。

铁路客运服务人员即使在旅客暂时不需要服务时，也要眼观六路、耳听八方，心里想着旅客、眼睛看着旅客，为旅客提供服务。优秀的客运服务人员往往能够在旅客发出"请提供服务"信息之前就能察言观色、主动服务。除此以外，客运服务人员要保持持久的热情。无论旅客如何挑剔，也无论受到了多大的委屈，客运服务人员始终要以积极热情的态度面对每一位旅客，这种热情要建立在以服务为荣的基础上。要记住，不能控制情绪的客运服务人员是肯定做不好服务工作的。

（2）处变不惊。

作为一名优秀的客运服务人员，应善于调整自己的情绪、疏解自己的情感、管理自己的举止，不论与哪一类型的旅客接触或发生什么问题，都能够做到镇定自若，不失礼于人。当旅客有不满情绪时，往往会对服务人员提出批评。这种批评可能会在不同场合以不同方式出现。当旅客在公开场合向服务人员疾言厉声时，往往会使人难以接受。遇到这种情况，客运服务人员首先需要冷静，不要急于与之争辩，切不可针锋相对，使矛盾激化难以收拾。如果旅客无理取闹，可以交给相关部门或人员解决。当旅客不礼貌时，更要做到有礼、有利、有节地解决问题。

列车上各种情况和突发事件都有可能随时发生，这就要求客运服务人员要有一定的处变不惊的能力。在面对一些特殊旅客时，在遇到列车晚点、发生突发事件时，都需要客运服务人员"临变不乱"来应对各种突发状况。这也要求服务人员熟知各类应急处置预案，培养良好的心理素质。

⚑ 任务实施

认识铁路旅客服务，探讨铁路旅客服务技能，了解铁路客运服务人员的服务要求。

任务评价

任务评价表

项目任务	认识铁路旅客服务			
班 级		姓名		评价时间
考核内容				
考核项目	考核标准		分值	得分
认识铁路旅客服务	1. 对铁路旅客服务的理解		30	
	2. 掌握铁路旅客服务技能		30	
	3. 明确铁路客运服务人员的服务要求		40	
指导教师意见				

说明：建议采用四级评分制（如90%~100%，80%~90%，60%~80%，<60%）

实践训练

头脑风暴——对铁路旅客服务的理解

一、实训目标
加深学生对铁路旅客服务的认识与理解。

二、实训内容
以小组为单位进行讨论（将6~8个学生设置为一个小组，实训中都以固定小组为单位）。

（1）探索讨论在日常乘车过程中，作为旅客，对铁路旅客服务的认识。

（2）试想在铁路旅客服务过程中，作为客运服务人员如何更好地做好服务。

三、实训考核
（1）每组提交一份讨论报告。

（2）各组制作一份PPT，在课堂上进行汇报。

（3）根据各组讨论报告及汇报表现，进行评分。

项目二

服务礼仪的培养

礼仪是人类在长期社会交往中形成的行为规范，是人类文明的重要标志。礼仪是人们在社会交往活动中共同遵守的行为规范和准则。随着我国改革开放的不断深入，人与人之间、群体与群体之间以及世界各国之间的交往越来越频繁，人们进行社会活动的范围、规模都在日益扩大，这使得服务礼仪得以不断充实和发展，应用也越来越普遍。

学习目标

1. 掌握礼仪的基础知识
2. 理解礼仪的功能与作用
3. 树立礼仪观念，形成从事铁路旅客服务工作的礼仪认识

知识树

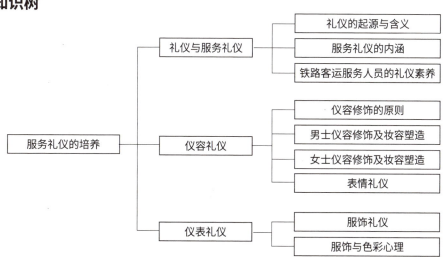

铁路旅客服务礼仪

任务一　礼仪与服务礼仪

🚩 **知识导读**

礼仪文化　感染旅客

2018年4月26日，中铁兰州局集团有限公司推出的"环西部火车游"旅游专列上，色香味俱全的西北美食、中国传统非遗剪纸、刺绣、纺织、智能引路机器人、KTV、按摩椅等个性化服务一并展现，让旅客在旅途中开启新体验，享受多样化服务。"环西部火车游"系列产品突出了版块化联动、精品化连线的思路，融入了丝路文化、敦煌文化、西域文化、黄河文化等特色文化，成为助推甘肃建设世界知名、国内一流的丝路旅游目的地的新引擎。

💬 **同步思考**

（1）铁路的礼仪文化让你有什么感受？
（2）你对新时期铁路礼仪文化有哪些新的认识？

一、礼仪的起源与含义

（一）中华礼仪的起源

中国拥有五千年文明史，素有"礼仪之邦"的美誉。礼仪文明作为中国传统文化的一个重要组成部分，对中国社会历史发展具有广泛深远的影响。

礼仪所涉及的范围十分广泛，几乎渗透到中国古代社会的各个方面。礼仪究竟何时何故而起？自古以来，人们做过种种探讨，归纳起来大体有五种礼仪起源说：一是天神生礼仪；二是礼为天、地、人的统一体；三是礼产生于人的自然本性；四是礼为人性和环境矛盾的产物；五是礼生于理，起于俗。

早在孔子以前，已有夏礼、殷礼、周礼三代之礼，因革相沿，到周公时代的周礼，已比较完善。春秋战国时期，相继涌现出孔子、孟子、荀子等思想家，发展和革新了礼仪理论。孔子是我国历史上第一位礼仪学专家，他编订的《仪礼》，详细记录了战国以前贵族生活的各种礼节仪式。孔子把"礼"作为治国安邦的基础，他主张"为国以礼""克己复礼"，并积极倡导人们"约之以礼"，做"文质彬彬"的君子。孔子较系统地阐述了礼及礼仪的本质与功能，把礼仪理论提高到一个新的高度。

孟子是战国时期儒家主要代表人物。在政治思想上，孟子把孔子的"仁学"思想加以发展，并把仁、义、礼、智作为基本道德规范，他还认为"辞让之心"和"恭敬之心"是礼的发端和核心。

荀子是战国末期的大思想家。他说："礼者，人道之极也。"把礼看作做人的根本目的和最高理想，他强调："人无礼则不生，事无礼则不成，国无礼则不宁。"

管仲则把"礼"看作人生的指导思想和维持国运的支柱。他说："礼义廉耻，国之四维，四维不张，国乃灭亡。"

汉代时，孔门后学编撰的《礼记》问世。《礼记》堪称集上古礼仪之大成，上承奴隶社会、下启封建社会的礼仪汇集，是封建时代礼仪的主要源泉。盛唐时期，《礼记》由"记"上升为"经"。《仪礼》《周礼》和孔门后学编的《礼记》，合称"三礼"，是中国古代最早、最重要的礼仪著作。它标志着礼仪发展到成熟阶段。

我国古代"礼"的概念，包含着丰富的内容，大体可归结为三个层面：一是指治理奴隶制、封建制国家的典章制度；二是古代社会生活所形成的作为行为规范和交往仪式的礼制及待人接物之道；三是对社会成员具有约束力的道德规范(包括自身修养)。

纵观我国礼仪内容和形式的演变与发展，可以看出"礼"和"德"不但是统治者权力的中心支柱，而且其在几千年的历史发展中形成许多有广泛社会性与强大号召力的优良道德规范和人际交往的礼节仪式及生活准则，并且已成为中华民族共同的财富，对中华民族精神素质的养成起到极其重要的作用。

知识窗

礼仪发展

西周时期：我国的古代礼仪已基本形成。

春秋战国时期：孔子集其大成并发扬光大。

现代礼仪：继承我国古代礼仪精华，汲取国际通用礼仪的精髓。

（二）西方礼仪的起源

在西方，"礼仪"一词，最早见于法语的"Etiquette"，原意为"法庭上的通行证"。后来被英文吸收后，礼仪延伸为"人际交往的通行证"。

西方礼仪最早萌芽在中古世纪希腊。在古希腊的文献典籍中，如苏格拉底、柏拉图、亚里士多德等先哲的著述中，都有很多关于礼仪的论述。礼仪发展最初为宫廷规矩。中世纪更是礼仪发展的鼎盛时代。文艺复兴以后，欧美的礼仪有了新的发展，从上层社会对遵循礼节的烦琐要求到20世纪中期对优美举止的赞赏，一直到西方国家将其在人们生活中日趋合理化、规范化，并迅速形成体系，被国际社会认可，礼仪成为西方国家共同遵循的规范。

西方的文明史，在很大程度上表现为人类对礼仪追求及其演变进化的历史。人类为了维持与发展血缘亲情以外的各种人际关系，避免"格斗"或"战争"，逐步形成各种与"格斗""战争"有关的动态礼仪。如为了表示自己手里没有武器，让对方感到自己没有恶意而创造了举手礼，后来演变为握手。为了表示自己的友好与尊重，愿在对方面前"丢盔卸甲"，于是创造了脱帽礼等。

历史发展到今天，传统的礼仪文化不但没有随着市场经济发展和科技现代化而被抛弃，反而更加多姿多彩，国家有国家的礼制，民族有民族独特的礼仪习俗，国际上也有各国共同遵守的礼仪惯例，各行各业都有自己的礼仪规范等。

总之，礼仪是人类文明的产物，它随着人类漫长的发展史而日渐成熟。随着社会的发展中西文化不断融合，我们在传统礼仪的基础上，也在借鉴着西方的礼仪文明。我们借鉴西方礼仪，不仅借鉴它的形式，更借鉴其内在思想。但无论是借鉴西方的礼仪，还是我们自己的传统礼仪，都以促进人类文明的发展，提高人类文明素质为目的。

（三）礼仪的含义

礼仪是指人们在社会交往中由于受历史传统、风俗习惯、宗教信仰、时代潮流等因素的影响而形成，既为人们所认同，又为人们所遵守，是以建立和谐关系为目的的各种符合交往要求的行为准则和规范的总和。总而言之，礼仪就是人们在社会交往活动中应共同遵守的行为规范和准则。礼仪的宗旨是使大家都感到舒适，不是拘谨，更不是难堪。尊重是礼仪的本质。

1.从不同的角度出发，对礼仪的界定

（1）从个人修养的角度来看，礼仪是一个人内在修养和素质的外部体现。通过一举一动、一言一行，可以将一个人的涵养、素质、才华充分展现在人们面前，给人以全面的印象。

（2）从道德的角度来看，礼仪是为人处事的行为规范和道德准则。古人有云"道德仁义，非礼不成"，正是这个道理的体现。

（3）从交际的角度来看，礼仪是人际交往中的一种艺术，即一种处理人际关系的交际方式或交际方法。

（4）从传播的角度来看，礼仪是在人际交往中进行有效沟通的技巧。

（5）从审美的角度来看，礼仪是一种形式美，是人的心灵美的必然外化，因为"礼由心生"。

（6）从民俗的角度来看，礼仪是人际交往中必须遵守的律己敬人的习俗，也是人际交往中约定俗成的对人表示尊重、友好的习惯做法。

2.我国古代礼仪和现代礼仪的主要差异

（1）基础不同。古代礼仪是以等级制度为基础的，现代礼仪则是以尊重他人为立足点和出发点的。

（2）目标不同。古代礼仪以维护统治秩序为目的，而现代礼仪则重在追求人际交往的和谐与顺利。

（3）范围不同。古代礼仪讲究"礼不下庶人"，因而与平民百姓无关，而现代礼仪则适用于任何参加交际活动的人。

（四）礼仪的内容

从内容上看，礼仪主要由四个基本要素构成：礼仪的主体、礼仪的客体、礼仪的媒体、礼仪的环境。

（1）礼仪的主体，指的是礼仪活动的操作者和实施者。它既可以是个人，也可以是组织。没有礼仪的主体，就没有礼仪的活动，也就更谈不上礼仪。

（2）礼仪的客体，又称礼仪的对象。它指的是礼仪活动的指向者和承受者。礼仪的客体比较广泛，它既可以是人，也可以是物；它可以是物质的，也可以是精神的；它可以是具体的，也可以是抽象的；它可以是有形的，也可以是无形。没有礼仪的客体，礼仪活动就缺乏对象，就不能称其为礼仪。

在社交礼仪的实施过程中，礼仪的主体与客体既是对立的，又是相互依存的，并且在一定条件下可以相互转化。舞台上的演员向台下的观众鞠躬致敬，演员是礼仪的主体，观众是礼仪的客体；观众以热烈的掌声进行回应，这时，观众就变成了礼仪的主体，演员则成了礼仪的客体。

（3）礼仪的媒体，也称作礼仪的符号，指的是礼仪活动所依托的媒介。它实际上是礼仪内容与礼仪形式的统一。任何礼仪都必须使用礼仪媒体，不使用礼仪媒体，礼仪就不可能存在。

礼仪的媒体可以分为人体礼仪媒体、物体礼仪媒体、事体礼仪媒体等几类。人体礼仪媒体指的是通过人体自身来传达礼仪信息的媒体，如交际中所使用的语言、文字、手势、面部表情等；通过借助于一些物体来传达礼仪信息的媒体是物体礼仪媒体，如服饰、器物等；事体礼仪媒体则是指通过各种有关的事体来传达礼仪信息的媒体，如欢迎仪式。在现实交际中，这些不同的礼仪媒体往往是交叉结合、配套使用的。

（4）礼仪的环境，指的是实施礼仪行为和礼仪活动的特定时空条件，可以分为礼仪的自然环境与礼仪的社会环境。礼仪的环境经常制约着礼仪的实施。它不仅决定着实施何种礼仪，也决定着礼仪的实施方法。所以，在实际操作和实施礼仪时，要根据具体的礼仪环境，恰如其分地运用礼仪规范。

（五）礼仪分类

按照应用范围和适用对象的不同，礼仪一般可以分为政务礼仪、商务礼仪、服务礼仪、社交礼仪、涉外礼仪五大类。

（1）政务礼仪是国家公务员在行使国家权力和管理职能时所必须遵循的礼仪规范。

（2）商务礼仪是在商务活动中体现相互尊重的行为准则。商务礼仪的核心是用一种行为准则来约束我们日常商务活动的方方面面。商务礼仪的核心作用是为了体现人与人之间的相互尊重。

（3）服务礼仪是服务行业的从业人员应具备的基本素质和应遵守的行为规范。服务礼仪主要适用于服务行业的从业人员。

（4）社交礼仪亦称交际礼仪，是人们在人际交往过程中表示尊重、友好的行为规范和惯用形式，是人们应具备的基本素质和交际能力。

（5）涉外礼仪亦称国际礼仪，是在长期的国际往来中，逐步形成的外事礼仪规范，也就是人们参与国际交往所要遵守的规范，是约定俗成的做法。它强调交往中的规范性、对象性、技巧性。

政务礼仪、商务礼仪和服务礼仪等是人们在工作岗位上所应遵守的行为规范和道德准则，亦可称之为行业礼仪或职业礼仪。

二、服务礼仪的内涵

（一）服务礼仪的概念

服务礼仪属于礼仪的一种，是指在各种服务工作中形成的，得到共同认可的礼节和仪式，是服务人员在服务过程中恰当表示对服务对象的尊重和与服务对象进行良好沟通的技巧和方法。

服务礼仪的内涵主要体现在以下三方面：

（1）服务礼仪是服务工作的规范或准则，它表现为一定的章法。所谓"入乡随俗，入境问禁"，即在进入某一地域之前，应先对该地域的习俗和行为规范有所了解，并按照这样的习俗和规范去行事，这才是有礼的。

（2）服务礼仪是人们在社会实践中约定俗成的行为规范。在社会实践中，礼仪往往首先表现为一些不成文的规矩、习惯，然后才逐渐上升为被公众认可的，可以用语言、文字、动作来做准确描述和规定的行为准则，并成为人们有章可循、可以自觉学习和遵守的行为规范。

（3）服务礼仪是一种和谐的人际关系。讲究礼仪的目的是实现社会交往各方的互相尊重，从而达到人与人之间关系的和谐。在现代社会，礼仪可以有效地展现施礼者和受礼者的教养、风度与魅力，它体现着一个人对他人和社会的认知水平、尊重程度，是一个人的学识、修养和价值的外在表现。一个人只有在尊重他人的前提下，自己才会被他人尊重。人与人之间的和谐关系，也只有在这种互相尊重的过程中，才会逐步建立起来。

（二）服务礼仪的作用

服务礼仪是服务人员在工作岗位上通过言谈、举止等行为对旅客表示尊重和友好的行为规范。它是服务的重要组成部分，不仅有利于员工提高个人的内在修养，而且能够提升企业的形象。

1. 提高自身修养，改善人际关系

在人际交往中，礼仪往往是衡量一个人文明程度的准绳。它不仅反映一个人的交际技巧与应变能力，还反映其气质风度、阅历见识、道德情操、精神风貌。运用礼仪，不仅有益于人们更好地、更规范地设计个人形象，维护个人形象，更好地、更充分地展示个人的良好教养与优雅风度，而且可以使个人在交际活动中充满自信，胸有成竹，更好地向交往对象表达自己的尊重、敬佩、友好与善意，增进彼此之间的了解与信任。

2. 提升企业形象，提高旅客满意度

应用好服务礼仪能够提高服务对象满意度，减少投诉的发生。客运服务人员每天要面对成千上万不同年龄、不同性别、不同性格和不同文化背景的服务对象，每天都要与陌生人沟通，因此应用好服务礼仪很重要。面对同样的问题，有些客运服务人员无法平息旅客的怒气，有些客运服务人员却能三言两语就把问题处理得很妥当，这就是服务礼仪的魅力。

（三）服务礼仪的基本原则

在服务礼仪中，有一些具有普遍性、共同性、指导性的礼仪规律。这些礼仪规律，即礼仪的原则。礼仪是人际交往中，以一定的、约定俗成的程序方式来表现的律己敬人的过程。在社交场合，想要通过礼仪获得他人的认可，与他人建立良好的人际关系，就要遵循礼仪的原则。

1. 平等原则

平等原则是现代礼仪的基础，即尊重交往对象，以礼相待，对任何交往对象都必须一视同仁，既不能盛气凌人，也不能卑躬屈膝。平等交往中表现为不要骄狂，不要我行我素，不要厚此薄彼，更不要以貌取人，而应该平等待人。平等原则的适用范围非常广泛，从家庭到组织，从亲朋到公众，从国内到国际，都应遵守平等原则。服务过程中的平等，即"一视同仁"，指所有服务对象都应该受到尊重。在具体运用礼仪时，可以根据服务对象，采取不同的礼仪形式，但是在对旅客的尊重态度上一定要平等。

2. 遵守原则

遵守原则是对客运服务人员提出的基本要求，要求每一位从业人员都必须自觉、自愿地遵守执行礼仪，用礼仪去规范自己在服务过程中的言行举止。只有遵守礼仪规范，才能赢得服务对象的认可。

3. 尊重原则

孔子说："礼者，敬人也。"这是对礼仪核心思想高度的概括。人与人是相互平等的，虽然在种族、民族、年龄、性别、职务上不尽相同，但在人格上是没有贵贱之分的。与人交往，不论对方职务高低、才能大小，只要与之交往，首先就应该尊重他人的人格，做到礼遇适当、寒暄热情、赞美得体、话题投机，这样才可能深入沟通，建立感情，达到目的。

在服务过程中，做到尊重原则，就是要求我们要将对服务对象的重视、恭敬、友好放在第一位，这是礼仪的重点与核心。因此在服务过程中，首要的原则就是敬人之心常存，掌握了这一点，就等于掌握了礼仪的灵魂。在服务过程中，只要不失敬人之意，哪怕具体做法一时失当，也容易获得服务对象的谅解。

4. 真诚原则

孔子曰："民无信不立，与朋友交，言而有信。"在人际交往中，取信于人，既是自我表现的一大目标，也是奠定交往对象彼此之间良好关系的基石。在有关时间的问题上，不可以模棱两可，含含糊糊。与他人交往的时间一旦约定，就应千方百计予以遵守，而不能随便变动或取消。

服务礼仪所讲的真诚原则，就是要求在服务过程中，必须待人以诚，只有如此，才能表达对旅客的尊敬与友好，才会更好地被服务对象所理解，所接受。与此相反，倘若仅把礼仪作为一种道具和伪装，在具体操作礼仪规范时口是心非，言行不一，则是有悖礼仪基本宗旨的。

5. 自律原则

礼仪的最高境界是自律，即在没有任何监督的情况下，仍能自觉地按照礼仪规范约束自己的行为。客运服务人员不仅要了解和掌握具体的礼仪规范，而且要在内心树立一种道德信念和行为修养，从而获得内在的力量，在服务中自我检查，自我要求，自我约束，自我反省。把礼仪的规范变成自觉的行为、内在的素质。自律是礼仪的基础和出发点。

6. 宽容原则

礼仪的宽容原则要求我们在服务过程中，既要严于律己，更要宽以待人。要多地体谅他人，多理解他人，学会与服务对象进行心理换位，而千万不要求全责备，咄咄逼人。要努力学会以己推人，设身处地地为对方着想，树立容纳他人的意识。当服务对象有过错时，我们要"得理也让人"，学会宽容对方。这实际上也是尊重对方的一个主要表现。

7. 从俗原则

由于地域、民族、文化背景的不同，在人际交往中，实际上存在着"十里不同风，百里不同俗"的情况。了解并尊重各自的禁忌，可以避免在交往中造成障碍和麻烦。应坚持入国问禁、入乡随俗、入门问讳，与绝大多数人的习惯和做法保持一致，切勿目中无人，自以为是。在服务工作中，要求服务人员对礼仪文化、礼仪风俗以及宗教禁忌要有全面、准确的了解，这样才能够在服务过程中得心应手，避免出现差错。

8. 合宜原则

现代礼仪强调人际交往与沟通时一定要把握适度性，即恰如其分。礼不到，人不知；礼太过，人惧之。在与人交往时应把握礼仪分寸，注意技巧，合乎规范，应牢记凡事过犹不及的道理。

因此在应用礼仪时，要依据具体情况、具体情境行使相应的礼仪，要特别注意在不同的情况下，礼仪程度、礼仪方式的区别，坚持因时、因地、因人的合宜原则。既要彬彬有礼，又不能低三下四；既要热情大方，又不能轻浮献媚；要自尊，但不能自负；要坦诚，但不能粗鲁；要信人，但不能轻信；要谦虚，但不能拘谨；要老练稳重，但不能圆滑世故。所以合宜原则应该既有礼，又有节，将礼仪真正做到恰到好处。

9. 旅客至上

铁路企业的重要工作是为旅客提供客运服务，满足旅客的出行需求，具有鲜明的社会服务特点。服务对象是旅客，摆正自己与服务对象的关系，确立"服务为本，旅客至上"的意识，讲求服务信誉，千方百计维护旅客利益，全心全意为旅客服务，是铁路旅客服务职业道德的核心。

三、铁路客运服务人员的礼仪素养

（一）亲和的微笑

微笑是人际交往中最富有吸引力、最有价值的面部表情。对铁路客运服务人员来说，微笑不仅是自身文化素质和礼貌修养的体现，更是对旅客的尊重与热情的体现。

1. 亲和的微笑可以改善服务态度，提高服务质量

微笑对旅客的情绪有主动引导的作用，旅客的情绪往往受客运服务人员态度的影响。在服务交往中，微笑可以使客运服务人员很自然地使用温和的语调和礼貌的语气与旅客交谈，而且能引发旅客发自内心的好感，有时还可稳定旅客焦虑、急躁的情绪，使旅客在整个交往过程中感到轻松和愉快。

2. 亲和的微笑可以拉近与旅客的距离

客运服务人员的微笑可以从情感上拉近与旅客的距离。当遇到问题或困难时，旅客就会很自然且很及时地向客运服务人员提出，这有助于服务工作顺利展开，避免一些小问题或困难不能被发现和解决，从而直接影响服务质量。

3. 微笑能带来良好的首因效应

首因效应又称第一印象，是指人与人第一次交往过程中形成的最初印象。它具有先入为主的特点，不仅影响旅客的心理活动，而且影响服务交往，有时甚至影响服务工作的顺利进行。一旦旅客对客运服务人员产生了不良的第一印象，要改变它，往往要付出比先前多出几十倍的精力。所以在与旅客初次交往时，微笑迎客是相当必要的，它能快捷地使客运服务人员与旅客的关系变得融洽，收到事半功倍的效果。

4. 微笑的基本原则

（1）主动微笑的原则。在与旅客目光接触的时候，首先要微笑，然后再开口说话，主动创造友好、热情的氛围。

（2）真诚微笑的原则。微笑是要发自内心的，表示对旅客的尊重和理解。

（3）眼中含笑的原则。脸上有笑，眼睛更要有笑。

知识窗

善于利用微笑来获得成功

1919年，美国"旅馆大王"希尔顿用父亲留给他的1.2万美元连同自己挣来的几千美元进行投资，开始了他雄心勃勃的旅馆经营生涯。当他的资产从1.5万美元奇迹般地增值到几千万美元时，他欣喜自豪地把这一成就告诉母亲，他母亲却淡然地说："依我看，你跟以前根本没什么两样，事实上你必须把握比5 100万美元更值钱的东西；除了对旅客诚实之外，还要想办法使来希尔顿旅馆住过的人还想再来住。你要想出简单、容易、不花本钱并且行之久远的办法去吸引旅客，这样，你的旅馆才有前途。"

母亲的忠告使希尔顿陷入迷惑：究竟什么办法才具备母亲指出的"简单、容易、不花钱并且行之久远"这四大条件呢？他冥思苦想，不得其解。于是他参观商店和旅馆，以一个旅客的身份亲身感受，得出了准确答案——微笑服务。只有它才同时具备母亲提出的四大条件。

——选自《阳光心态与教师幸福人生》(有改动)

（二）舒心的问候

问候是人与人见面时最初的直接接触。问候得当可以迅速地表现出自己的心意与诚意，可以在最初接触时给旅客留下良好的印象。铁路客运服务人员见到旅客时，应主动打招呼。一般来说，先打招呼的人会在后面的谈话交流和服务中掌握主动。

不要低估了一句话、一个微笑的作用，它很可能使一个不相识的人走近你，甚至爱上你，成为开启你幸福之门的一把钥匙，成为你走上柳暗花明之境的一盏明灯。有时候，"人缘"的获得就是这样简单。

（三）整洁的仪表

铁路客运服务人员每天都要接触成千上万的旅客，旅客对铁路旅客服务第一印象的产生首先来自客运服务人员的仪容仪表。良好的仪容仪表，会给人留下美好的第一印象，从而对铁路企业起到宣传作用，同时还能弥补某些服务方面的不足。反之，不佳的仪容仪表往往会令人生厌，即使有热情服务和一流设施也不一定给旅客留下良好的印象。

铁路客运服务人员的仪表一定要整洁、朴素。整洁、朴素的仪表可以拉近和旅客的距离，给旅客留下清新、健康的印象。

（四）得体的语言

语言是为旅客服务的第一工具，它对做好服务工作有着十分突出的作用。得体的语言会让旅客倍感亲切，反之则会截然不同。因此，客运服务人员在工作中应做到亲切和蔼，语言文雅。

铁路客运服务人员要善于察言观色，语言交流要针对旅客实际，要从言谈举止中迅速把握旅客的心情，要明白旅客的弦外之音，了解旅客的愿望。要尽量站在旅客的立场上说话办事，判断旅客的心理和服务需要。除此以外，客运服务人员需要用委婉的语气表达否定的意思。

任务实施

认识礼仪与服务礼仪，探讨服务礼仪的作用，探讨如何提升铁路客运服务人员的礼仪素养。

任务评价

任务评价表

项目任务	礼仪与服务礼仪			
班 级		姓名		评价时间
考核内容				
考核项目	考核标准		分值	得分
礼仪与服务礼仪	1. 复述礼仪的定义		30	
	2. 理解服务礼仪的作用		30	
	3. 谈谈如何提升铁路客运服务人员的礼仪素养		40	
指导教师意见				
说明：建议采用四级评分制（如 90%~100%，80%~90%，60%~80%，<60%）				

任务二 仪容礼仪

仪容，即个人的容貌，主要包括发型、面容、手部、体味和口腔卫生等，是个人职业形象的重要组成部分。仪容美不仅源于先天，同样也来自修饰等后天习得。

一、仪容修饰的原则

（一）美观原则

美观就是通过化妆技巧修饰自己，使自己变得美丽、端庄，给旅客留下美好印象的同时也愉悦自己的身心。

（二）妆容协调原则

职业妆应自然大方、朴实淡雅，妆容应与自身的脸型、发型与服饰相协调，符合场合和社会角色。

（三）适体适度原则

化妆的最高境界，是没有人工修饰的痕迹，显得天然美丽。在仪容修饰上，应与自身性别、年龄、容貌、肤色、气质及职业身份等相适宜，把握分寸，自然适度，追求不露痕的效果。

二、男士仪容修饰及妆容塑造

（一）头发

男士的头发应整洁无异味，发型大方得体，头发颜色自然、梳理得当。

1. 头发整洁无异味

保持头发整洁且没有头屑，定期对头发进行清洗。洗发时要选择适合自己发质的洗发水，洗净后适当用一些护发素，以保持头发的柔顺，然后再使用清香型发胶等，以保持头发整洁、不蓬散，切忌使用异味发油等护发产品。

2. 发型大方得体

男士头发长度要适宜，前不及眉，旁不遮耳，后不及领，不留长发、大鬓角。发型要修剪得体，轮廓分明。头发应梳理整齐，可适当、适量使用发胶等，不得有蓬乱的感觉，不得剃光头、烫发或剪板寸头。

3. 头发颜色自然

不要将头发染成黑色以外的其他任何抢眼色彩，以接近自然为宜。

4. 梳理得当

在出门上班前、换装上岗前、摘下帽子或下班回家及其他有必要的时候，需要梳理头发。梳理头发时需要注意以下事项：

（1）梳理头发不宜当众进行。

（2）梳理头发不宜直接用手，最好随身携带一把梳子，以备不时之需。

（3）断发不宜随手乱扔。

（4）头屑不宜当众、随意抖落。

（二）面部

1. 面部皮肤

男士皮肤多为油性，面部油腻不仅影响美观，还容易引起痤疮、皮炎、毛孔粗大等皮肤问题。要改善过度出油的状况，需要避免精神紧张、工作劳累、过度烟酒。可用清爽透气面霜护肤，自然色为宜。避免使用BB霜等化妆品。

2. 眼睛

避免眼睛有红血丝，及时清除眼部分泌物。

3. 鼻子

平时应注意保持鼻腔清洁，鼻毛要及时修剪，不可外露。不可随处挖鼻孔、吸鼻子、擤鼻涕。

4. 口腔

牙齿洁白、口腔无异味是铁路客运服务人员最基本的礼仪要求。少吃或不吃容易引起异味的食物(如大蒜、大葱等)，不酗酒、不熬夜。尽量少吸烟、少喝浓茶。禁止在公共场合当众剔牙等不文雅行为。

5. 胡须

胡须最容易影响卫生和美观。男士应避免留各种胡须，胡须要剃净。

（三）四肢

1. 手部

铁路客运服务人员要经常保持手部清洁，应养成勤洗手、定期修剪指甲的好习惯。指甲内不得有污垢，指甲长度以不超过手指指尖为宜。手部护理，可以选用滋润的护手霜，保持双手皮肤不干燥。

2. 腿部

男士不允许穿短裤，不允许光脚穿鞋，应注意保持腿部卫生。

3. 体味

要勤洗澡，勤换衣袜，洗澡可以去除身上的尘土、油垢和汗味，并且使人精神焕发。应尽量避免身上的烟味、酒味、汗酸味。

三、女士仪容修饰及妆容塑造

（一）发型要求

女士发型要简洁、美观，头发颜色自然。头发过肩的需要盘起、挽起，不得梳披肩发，不得留怪异的新潮发型。如短发，头发最短不得短于两寸，最长不得超过衣领底线。刘海不要及眉。发夹、发箍、头花应为深色小型，不得夸张耀眼。任何一种发型都应梳理整齐，使用发胶、发蜡等固定发型，两鬓光洁，无耳发，不得有蓬乱的感觉。

（二）面部妆容

在铁路旅客服务过程中，女士化妆是一种礼貌。化妆就是使用化妆品进行自我修饰。化妆是一门艺术，需要考虑职业、年龄、五官特点等因素。女性客运服务人员上岗应化职业妆，以淡雅、清新、自然为宜，忌浓妆艳抹。

掌握正确的化妆技巧，运用色彩等晕染方法使面部妆容与职业装和谐统一，从而赢得旅客的好感。化妆大致分为以下几步：

1. 清洁皮肤

化妆前一定要清洁肌肤，根据肤质不同选择适合自己皮肤的洁面产品。使用时，挤适量洁肤产品于手上，配合清水，搓揉起泡后，用由内而外打圈按摩的方式清洁面部，用清水洗净。

2. 润肤

洁肤后，先用化妆棉蘸取爽肤水，用由下向上、由内而外的手法轻拍皮肤，然后涂抹适合自己肤质的保湿霜或其他润肤产品，给肌肤营造一个补水环境，并调整肌肤状态。

3. 修饰眉毛

用眉刀或眉钳根据五官修饰出适合自己的眉型，使面部整体更清秀。

4. 涂粉底

选择适合自己肤色的粉底后用海绵蘸取粉底，在额头、面颊、鼻部、唇周和下颌等部位，采用轻轻按压的手法，由上至下，依次将底色涂抹均匀。各部位要衔接自然，不能有明显的分界线。底妆要达到调整气色、遮盖瑕疵、皮肤光亮的效果。

5. 画眉

选择与发色接近的眉笔，建议使用黑色、深棕色系列的颜色，顺着眉毛的生长方向进行描画，然后用眉刷定型，不可将眉毛化成一条重重的黑线。

6. 眼部修饰

（1）画眼线：画眼线时要贴着睫毛根部勾勒细细的眼线，眼角部位勾勒出上挑线条，突显柔美气质，如图2-1所示。

（2）夹睫毛：眼睛向下看，将睫毛夹夹到睫毛根部，使睫毛夹与眼睑的弧线相吻合，夹紧睫毛5秒左右松开，不移动夹子的位置连做1~2次，使弧度固定。用睫毛夹在睫毛的中部，顺着睫毛上翘的趋势，夹5秒左右后松开。最后用睫毛夹在睫毛的前端再夹一次，时间2~3秒，形

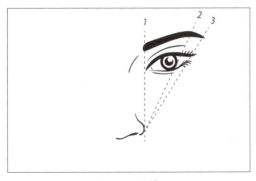

图2-1 眼线

成自然的弧度。

（3）涂眼影：用眼影刷蘸取少量浅色眼影，在整个眼窝处轻轻涂抹一层，再用深一点的颜色在眼皮褶皱内进行均匀晕染。

（4）刷睫毛膏：涂上睫毛时，眼睛向下看，睫毛刷由睫毛根部向下向外转动。涂下睫毛时，眼睛向上看，用睫毛刷的刷头横向"Z"字来回逐层刷睫毛膏。均匀涂抹睫毛膏后可用睫毛梳梳理睫毛，使睫毛根根分明。

7. 涂腮红

选择合适的腮红色，用腮红刷进行按压晕染，调整气色。肤色白皙的人一般选用粉色系，肤色略深的一般选择桃红色，肤色红润的人可以不涂。因脸型不同有不同的涂法，涂腮红的方法如图2-2所示。

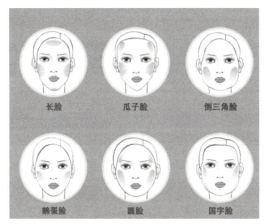

图2-2 涂腮红的方法

8. 涂唇膏

涂抹唇膏前应先用白色或是透明色润唇膏来保持唇部滋润，选择与腮红颜色接近或协调的口红色进行唇部涂抹，以增加色彩效果。涂唇膏的步骤如下：

①唇部保湿、去角质。

②进行唇部遮瑕。

③唇线调整勾勒。

④唇线笔填充颜色。

⑤口红全唇填色。

⑥再次勾边调整。

（三）手部修饰

手是仪容的重要部位，在职业场合中，一双清洁并精心护理的手显示一个人的良好教养。指甲应修剪整齐，指甲的长度以正面不超过指尖1毫米为标准。指甲缝不得有残留物，对指甲周围的死皮要定期修剪，客运服务人员只可涂肉色和透明色指甲油，不应涂醒目艳丽的有色指甲油或做工艺指甲。护手霜应以滋润皮肤、味道淡雅为宜。

（四）体味

女士同样需要勤洗澡，勤换衣袜，避免身上的汗酸味、浓烈香水味等。女性客运服务人员要适当选用淡香水，香水的选择标准是"清新淡雅"。切勿使用过量，产生适得其反的效果。

四、表情礼仪

表情是内心情感的镜子，是从人的面貌或姿态上表达内心的思想感情，是人们内心情绪的外在表现，是形体语言中最丰富的部分，是一个人优雅风度的重要组成部分。

表情有面部表情、声音表情、身段表情三种，其中最主要的是面部表情。美国心理学家艾伯特·梅拉比安认为：信息的总效果 =7% 的书面语言 +38% 的音调 +55% 的面部表情。面部表情是人类表情最丰富的部分，它表达人们内心的思想感情，表现人的喜、怒、哀、乐，对人们所说的话起着解释、澄清、纠正或强调的作用。面部表情中又以通过"眼神"和"微笑"传递信息为主。

在铁路旅客服务过程中运用不同的眼神和微笑，表现欢迎、感谢、理解、专注等，形成一定的交流呼应，是非常必要而且重要的。

（一）眼神

眼神是面部表情的核心，它在很大程度上反映一个人的内心世界，它不会隐瞒，更不会说谎。目光接触是交往中常见的沟通方式，眼神不同，含义无穷。良好的交际形象，目光一定是自然、温和、稳重、愉悦、明亮、坦诚的。

1. 眼神的认识

交际时，目光接触是常见的沟通方式，但眼神会表示不同的含义。例如，相互正视片刻表示坦诚；瞪眼相视表示敌意；斜着扫一眼表示鄙视；逼视则表示命令；不住地上下打量表示挑衅；白眼表示反感；眼睛眨个不停表示疑问；双目大睁表示吃惊；眯着眼看既可表示高兴，也可表示轻视；左顾右盼、低眉偷觑表示困窘；等等。

2. 眼神的类型

（1）直视型。直视对方使人有压迫感，初次见面或不太熟悉的男性用这种目光看女性会使女性感到很不自然，以致产生反感；若女性用这种目光看男性，则有失稳重。

（2）游移型。与对方谈话时，目光总习惯四处游移，这容易给人心神不定、不够坦率和诚实的感觉，不利于双方的交谈。

（3）柔视型。目光直视对方，但眼神不是火辣辣的，目光有神，但又不失柔和。这种目光给人自信和亲切的感觉，体现出善于运用目光，容易与人相处。

（4）热情型。目光充满活力，给人以活泼、开朗和蓬勃向上的感觉。这种目光运用得当可以使对方情绪渐涨，提高谈话兴趣，但如果不分对象，不分场合一味热情相望，也可能产生相反的效果。

（5）他视型。与对方讲话时，眼睛却望着别处，这是一种容易使对方产生误解，不尊重他人的注视形式。

（6）斜视型。目光不是从眼睛正面是从眼角看向对方的。这是极为失礼的注视形式，让人感到被轻视、不够尊重和心术不正。

（7）无神型。目光疲软，视线下垂，不时看向自己的鼻尖，这种目光透露出冷漠之感，往往会使谈话的内容冷淡。

3. 眼神的礼仪规范

一个优秀的客运服务人员不但善于运用目光为旅客提供服务，还能够规范而科学地使用目光语。

（1）注视的视线规律。

视线的向度即目光的方向，根据视线向上、向下和水平的方向，可分为仰视、俯视和平视。仰视和俯视都会使双方的心理产生差距。

（2）注视的区域规律。

注视对方，应自然、稳重、柔和，而不能盯住对方的某部位或不停地上下打量对方，这是极失礼的表现。注视对方什么位置，要依据传达什么信息、造成什么气氛而有所不同；要依据不同场合、不同对象选择具体目光所及之处和注视的区间。眼神礼仪按交流场合和对象的不同，一般分为公务注视、社交注视、亲密注视，注视的区域如图 2-3 所示。

（a）公务注视　　（b）社交注视　　（c）亲密注视

图 2-3 注视的区域

①公务注视。在洽谈、磋商、谈判等严肃场合，目光要给人严肃、认真的感觉。注视的位置从对方额头中间点到双眼的三角区域，注视范围较为宽阔，可以避免给对方咄咄逼人的感觉，能够营造宽松的交流氛围。

②社交注视。人们在普通的社交场合采用的注视区间是社交注视区间。这一区间的范围是从双眼到嘴的倒三角区域。注视这一区域最容易形成平等感，容易营造良好的社交氛围，能让谈话者感到轻松、自然，能比较自由地把他们的观点、见解发表出来，因此常用于茶话会、舞会、酒会、联欢会以及其他一般社交场合。

③亲密注视。具有亲密关系的人在交谈时采用的注视区间为亲密注视区间，它主要是看着对方从双眼开始，越过下巴，直到身体其他部分的四角区域。恋人之间、亲朋之间，注视这些区域能激发感情，表达爱意。

（3）注视的时间。

在整个交谈过程中，与对方目光接触的时间应该累计达到全部交谈过程的50%～70%，其余30%～50%的时间，可注视对方脸部以外5～10米处，这样比较自然、有礼貌。

在社交场合，与别人的目光相遇不要马上移开，应自然对视1～2秒，然后慢慢离开。与异性目光对视时，不可超过2秒，否则将引起对方无端的猜测，必须根据不同的对象和场合把握好注视的时间。

（4）眼神礼仪的注意事项。

在交谈中，眼神应该自然、柔和、亲切、真诚。但若想打动别人，就需要心灵的契合，懂得尊重别人等于尊重自己，而目光是体现这种态度最简单易行的方法。

①要做到"目中有人"就需要有尊重的态度。只有内心是尊重对方的，目光才可能是亲切友好的。生硬的目光反而是一种伤害。有时会看到一些服务场所的人用挺直的身体和麻木的目光来问候，服务对象都不会回应他们，因为对他们而言这仅仅是对工作的敷衍行为，作为服务对象不但没有感觉到欢愉之意，相反还会有受到冷落的感觉。

②要稳定目光。客运服务人员千万不要上下打量服务对象或是眼珠转来转去。上下打量意味着挑衅和审查，没有人希望自己被别人这样看。如果是男士上下打量一位女士，肯定会让人觉得他不怀好意，另有企图。注视别人时，眼珠若是转来转去，会给人心里盘算坏主意的感觉，而且很难使人产生信赖感。

③要目光和语言相统一。现在很多服务企业都注意使用礼貌用语，甚至开始制作企业的"话术模板"。这样的确可以使服务变得规范和严谨，但如果忽略了目光甚至整个面部表情的配合，即使是无懈可击的服务语言，也是冷冰冰的，很难被服务对象喜欢和接受。因此，要学会用目光配合语言，用目光提升语言的价值，使两者完美结合，以获得更好的服务效果。

④要注意自己眨眼睛的次数。一般情况下，每分钟眨6～8次为正常，眨眼频繁表示在怀疑对方所说内容的真实性。

在交谈过程中，若双方目光相遇，不应慌忙躲闪，应当顺其自然地对视1～3秒，然后缓缓移开，这样显得心胸坦荡，也容易取得对方信任。一旦目光躲闪，对方就会猜疑或者认为你有胆怯行为。

⑤要敢于正视对方。在交谈中敢于礼貌地正视对方，这是一种坦荡、自信的表现，也是对他人尊重的体现。谈话中眼睛往上、往下、眯眼、斜视、闭眼、游离不定、目光涣散、漫不经心等，都是交际中忌讳的眼神。当别人难堪时，不要去看他；交谈休息或停止谈话时，不要正视对方。

（5）眼神交流技巧。

①与一群人交谈：当与一群人交流时，最好与倾听者有直接的眼神接触，但是不要只盯

着一个人看，这会使其他人停止听你讲话。为了避免这样，可以尝试在每一个新句子的开头将眼神朝向不同的人。这样就会照顾到所有人，并且使他人保持对谈话的兴趣。

②与一个人交谈：与一个人交流时保持眼神交流是很好的事情，但是，如果一直盯着对方，就会使他感到不自在，从而想尽快结束与你的谈话。为了避免这点，建议每隔5秒打断一下眼神交流，但不要往下看，这样会暗示对方你想结束这场谈话。

③倾听的时候：当听某个人讲话时，如果直直地盯着对方，就会使他不想再说下去。可以使用"三角形"注视技巧，即当倾听时，看着对方的一只眼睛，过5秒，视线移向另一侧眼睛，再过5秒，移向嘴，保持三角形的路线移动。还有就是点头，适当地说"是的""对"等，这样对方就会感到你对他的谈话内容很有兴趣，就会愿意与你交谈。

④发生争辩时：与某人争辩本身有很多技巧，如果想要在一场争辩中保持有利地位，眼神的威力不可忽视。眼神用得好，不说话也可以说服对方。如果在争辩中眼睛盯着别处，那么已经输了一半了。总体来说，要能保持住你的目光注视对方，眼中透着坚定。当对方说话时，与对方眼神接触，观察他的语调、神色。如果对方想激怒你，就保持沉默，用眼睛注视对方，这是不用说一个字也能赢的有效途径。

⑤吸引某个人：当想吸引某个人的注意力并且表现你对他说的事情有兴趣时，可以用眼睛来说话与倾听。当对方说话时，看着他的眼睛，倾听他说了什么，适当的时候微笑，适当的时候抬起你的眉毛。微笑是一个很好的方法，告诉对方他说的内容你很感兴趣。要找好时机，这样就可以不只是用语言与对方交流，也可以用眼睛与对方交流，而这种交流一定直入对方内心深处，让他们感受到你所感受到的。

4. 眼神标准

（1）面对服务对象目光友善、柔和、亲切坦然、和蔼有神、自然流露。

（2）礼貌正视服务对象，不左顾右盼、心不在焉。

（3）眼神要实现"三个度"：①眼神的集中度。不要将目光聚集在服务对象脸上的某个部位，而要注视于服务对象脸部的三角部位，即以双眼为上线，嘴为下顶角，也就是双眼和嘴之间。②眼神的光泽度。精神饱满，在亲和力理念下保持慈祥的、神采奕奕的目光，再辅之以微笑、和蔼的面部表情。③眼神的交流度。迎着服务对象的眼神进行目光交流，传递你对服务对象的敬意与你的善良之心。眼睛是心灵的窗户，心灵有了亲和力的理念，就自然会发出神采奕奕的目光，就很容易形成具有磁性的、有亲和力的眼神，从而拉近与旅客的距离。

（二）微笑

微笑是真正的世界语言，能超越文化而传播，成为世界通用的语言。交往中的微笑是对人的尊重、理解和奉献，成为增进友谊的纽带，它如润滑剂，可以化解一切，升华一切，产生无穷魅力。

微笑是人们对某种事物给予肯定以后的内在心理历程，是人们对美好事物表达愉悦情感的心灵外露和积极情绪的展现。微笑可以表现出对他人的理解、关心和爱，是礼貌与修养的外在表现，谦恭、友善、含蓄、自信的反映，保持微笑的表情、谦和的面孔，是表示自己真诚、守礼的重要途径。

1. 微笑的礼仪规范

微笑不仅仅是一个简单的面部表情，它更是一个人内心世界的生动写照。在服务行业，微笑是服务人员最美的"名片"。

（1）微笑的美在于文雅、适度、亲切自然，符合礼貌规范。

微笑者要神态自若、双唇轻合、眉开眼笑、目光有神、热情适度、自然大方、规范得体。

（2）微笑要诚恳。

微笑要做到"诚于中而形于外"，切不可故做笑颜，假意奉承，做出"职业性的笑"，更不要狂笑、浪笑、奸笑、傻笑、冷笑。

（3）微笑要发自内心。

发自内心的微笑像扑面春风，能温暖人心，化除冷漠，获得理解和支持。面部的表情如何决不仅仅是天生的因素，后天的气质、风度也必然会反映在脸上，关键是内心的真诚，它与行为主体的道德修养、学识水平有着密切的关系。

（4）主动微笑。

如果是一位成熟或者训练有素的服务人员，在与服务对象目光接触的同时，在开口说话之前，首先会献上一个微笑。这样，就创造了对自己有利的气氛和情境，肯定会赢得服务对象满意的回报。如果服务对象微笑在先，必须马上还以礼仪微笑。

（5）微笑的时间。

微笑的最佳时间，以不超过 7 秒为宜。时间过长给人以傻笑的感觉，反而尽失微笑的美韵。

（6）最佳启动时机。

在目光与服务对象接触的瞬间，要目视对方启动微笑。此时服务人员应目光平视对方、坦然自信、不可斜视、不可左顾右盼、交头接耳，也不要有羞涩之感。但微笑的启动与收拢都必须做到自然，切忌突然用力启动和突然收拢。微笑是有自信心的表现，是对自己的魅力和能力抱积极的态度。面对不同的场合、不同的情况，如果能用微笑来接纳对方，就可以反映出你良好的修养和挚诚的胸怀。

2. 微笑的注意事项

（1）面部表情和蔼可亲，伴随微笑自然地露出 6～8 颗牙齿，嘴角微微上翘。微笑注重"微"字，笑的幅度不宜过大。这也是不成文的"工业化标准"，必须在服务人员和服务对象面对面 3 米左右的"能见度"内。

（2）微笑时真诚、甜美、亲切、善意、充满爱心。

（3）口眼结合，嘴唇、眼神含笑。

3. 微笑礼仪的训练

（1）训练方法。

①放松面部肌肉，然后使嘴角微微向上翘起，让嘴唇略呈弧形。最后，在不牵动鼻子、不发出笑声、不露出牙齿，尤其是不露出牙龈的前提下，轻轻一笑。挑选出满意的笑容，并时

常练习保持这种微笑。

②闭上眼睛，调动感情，并发挥想象力，或回忆美好的过去或展望美好的未来，使微笑源自内心，有感而发。

③当众练习法。按照要求，当众练习，使微笑规范、自然、大方，克服羞涩和胆怯的心理，也可以请他人评议后，再对不足之处进行纠正。

④对镜训练法。站在镜前，以轻松愉快的心情，调整呼吸自然顺畅；静心3秒，开始微笑，双唇轻闭，使嘴角微微翘起，面部肌肉舒展开来，同时注意眼神的配合，使眉、眼、面部肌肉、口形在笑时和谐统一。如此反复多次。

⑤含筷法。这是日式训练法。道具是一根洁净、光滑的圆柱形筷子（不宜用一次性的简易木筷子以防划破嘴唇），横放在嘴中，用牙轻轻咬住（含住），把嘴角对准筷子，两边都要翘起，并观察连接嘴唇两端的线是否与筷子在同一水平线上。保持这个状态10秒。在这一状态下，轻轻地拔出筷子之后，练习维持这个状态。

（2）微笑训练技巧。

第一阶段：放松肌肉。放松嘴唇周围的肌肉是微笑练习的第一阶段，又名"哆来咪练习"的嘴唇肌肉放松运动，是从低音哆开始，到高音哆，大声、清楚地说三次每个音。不是连着练，而是一个音节、一个音节地发音，为了正确发音应注意嘴型。

第二阶段：给嘴唇肌肉增加弹性。形成笑容时最重要的部位是嘴角。锻炼嘴唇周围的肌肉，能使嘴角的移动更干练好看，也可以有效预防皱纹。伸直背部，坐在镜子前面，反复练习收缩和伸张。

①张大嘴。张大嘴使嘴周围的肌肉最大限度地伸张。张大嘴能感觉到颚骨受刺激的程度，并保持这种状态10秒。

②使嘴角紧张。闭上张开的嘴，拉紧两侧的嘴角，使嘴唇在水平上紧张起来，并保持10秒。

③聚拢嘴唇。使嘴角在紧张的状态下，慢慢地聚拢嘴唇。出现卷起来的嘴唇聚拢在一起的感觉时，保持10秒，再保持微笑30秒。反复进行这一动作3次。

第三阶段：形成微笑。这是在放松的状态下，练习笑容的过程。练习的关键是使嘴角上升的幅度一致。如果嘴角歪斜，表情就不会太好看。在练习各种笑容的过程中，会发现最适合自己的微笑。笑不露齿是小微笑；露上下8颗牙齿是中微笑；牙齿张开看到舌头是大微笑。

①小微笑。把嘴角两端一齐往上提。稍微露出两颗门牙，保持10秒之后，恢复原来的状态并放松。

②普通微笑。慢慢使肌肉紧张起来，把嘴角两端一齐往上提。露出上门牙6颗左右，眼睛也笑一点。保持10秒后，恢复原来的状态并放松。

③大微笑。一边拉紧肌肉，使之强烈地紧张起来，一边把嘴角两端一齐往上提，露出10颗左右的上门牙，也稍微露出下门牙。保持10秒后，恢复原来的状态并放松。

第四阶段：保持微笑。一旦寻找到满意的微笑，就要进行至少维持那个表情30秒的训练，尤其是照相时不能敞开笑的人，如果重点进行这一阶段的练习，就可以获得很大的效果。

第五阶段：修正微笑。虽然认真地训练了，但如果笑容还是不那么完美，就要寻找其他部分是否有问题。但如果能自信地敞开笑，就可以把缺点转化为优点。

（3）微笑礼仪应注意的事项。

微笑给人亲切、和蔼、热情的感觉，加上适当的敬语，会使服务对象感到亲切、安全、宾至如归。微笑要由眼神、眉毛、嘴巴、表情等方面的动作协调配合来完成，生硬的、虚假的微笑则不可取。在不同场合，微笑分为很多种，需要注意的事项如下：

①微笑礼仪的"四要"：一要口、眼、鼻、眉、肌结合，做到真笑。发自内心的微笑，会自然调动人的五官，使眼睛略眯、眉毛上扬、鼻翼张开、脸肌收拢、嘴角上翘。二要神情结合，显出气质。笑的时候要精神饱满、神采奕奕，亲切甜美。三要声情并茂，相辅相成。只有声情并茂，你的热情、诚意才能为人理解，并起到锦上添花的效果。四要与仪表举止的美和谐一致，从外表上形成完美统一的效果。不要缺乏诚意，强装笑脸。

②微笑礼仪"四不要"：一不要缺乏诚意，强装笑脸；二不要露出笑容随即收起；三不要仅为情绪左右而笑；四不要把微笑只留给上级、朋友等少数人。

总之，在服务过程中，要笑得自然，要笑得真诚，程度要合适，要看不同的人际关系与沟通场合。

任务实施

了解仪容礼仪，探讨男士、女士仪容修饰及妆容塑造，探讨表情礼仪的作用，表情礼仪训练。

任务评价

任务评价表

项目任务	仪容礼仪			
班级		姓名		评价时间
考核内容				
考核项目	考核标准		分值	得分
仪容礼仪	1. 理解仪容礼仪		30	
	2. 男士、女士仪容塑造展示		30	
	3. 表情礼仪练习		40	
指导教师意见				
说明：建议采用四级评分制（如90%~100%，80%~90%，60%~80%，<60%）				

项目二 服务礼仪的培养

任务三 仪表礼仪

一、服饰礼仪

服饰是人形体的外延。在人际交往中,服饰被视为人的"第二肌肤",既可以遮体御寒,发挥多种实用性功能,又可以美化人体,扬长避短,展示个性,发挥多种装饰性功能。

因此,在社交场合,一个人的服饰直接影响着别人对他个人形象的评价。

(一)着装的基本原则

总体来说,着装要规范、得体,就要牢记并严守TPO原则。TPO(Time,Place,Occasion的首字母)原则是世界通用的着装打扮原则。它要求人们在选择服装、考虑其具体款式时,首先应当兼顾时间、地点、场合,并力求使自己的着装及其具体款式与着装的时间、地点、目的协调一致,和谐般配。

1. 时间原则

时间涵盖了每一天的早间、日间和晚间三个时间段,也包括每年春、夏、秋、冬四个季节的交替以及不同的时期、时代。因此,人们在着装时应考虑时间层面,做到随"时"更衣。

通常情况下,人们早间在家中和户外的活动居多,无论外出跑步锻炼,还是在家里盥洗、用餐,着装都应以方便、随意为宜。可以选择运动服、便装、休闲服等,这样会透出几分轻松温馨之感;日间是工作时间,着装要根据自己的工作性质,总体上以庄重大方为宜。

如果参加社交活动或公关活动,着装则应以典雅端庄为基本格调;晚间如果参加的是宴请、舞会、音乐会等正式社交活动,着装应以晚礼服为宜,以形成高雅大方的礼仪形象。

2. 地点原则

地点原则是指地点不同,其穿着打扮上也要有所区别。不同的地点对服饰有不同的要求,在特定的环境下要搭配与之相适应的服饰,才能获得心理上的和谐感。

例如,在单位,穿职业装会显得专业;在家待客穿休闲服不仅可以让自己感觉舒适,同时也让客人无拘束感;西装革履地步入金碧辉煌的高级酒店会产生一种人境两相宜的效果,而若出现在大排档,便会出现极不协调、反差强烈的局面。

3. 场合原则

场合原则是指穿着打扮要考虑场合的需要。穿着打扮只有与场合相得益彰,才能展示出优美的形象。

例如,在办公场合,穿套装制服、长裤长裙会显得庄重保守;在社交场合,穿着时装、礼服、民族服装可以显得时尚个性;在健身、旅游、购物的休闲场合,休闲服不仅可以让自己感觉舒适,同时也让他人无拘束感。

(二)男士着装

在现代社会活动中,男士一般都是西装革履,这样显得庄重而正式。在所有的男士服装中西装是最重要的衣着，它典雅大方，富有魅力，被广泛采用于社交、宴请、会议等场合。

1. 西装的款式

（1）按西装的件数来划分可以分为套装西装和单件西装。套装西装包括两件套（上装和下装）和三件套（上装、下装、背心），三件套显得更正式些。

（2）按西装的纽扣来划分，可以分为单排扣西装（1粒，2粒，3粒）和双排扣西装（2粒、4粒，6粒）。其中，单排扣2粒和双排扣4粒最为正规，较多地用于隆重、正式的场合。

（3）按适用场合不同来划分，可以分为正装西装和休闲西装。

2. 西装的衬衫

与西装配套的衬衫应为"正装衬衫"。一般来讲，正装衬衫具有以下特征：

（1）面料：应为高织精纺的纯棉、纯毛面料，或以棉、毛为主要成分的混纺衬衫。条绒布、水洗布、化纤布、真丝、纯麻皆不宜选。

（2）颜色：必须为单一色。白色为首选，蓝色、灰色、棕色、黑色亦可；杂色与过于艳丽的颜色有失庄重，不宜选。

（3）图案：以无图案为最佳，有较细竖条纹的衬衫有时候在商务交往中也可以选择。

（4）领型：以方领为宜，扣领、立领、翼领、异色领不宜选。衬衫的质地有软质和硬质之分，穿西装要配硬质衬衫。尤其是衬衫的领头要硬实挺括，要干净，不能太软或有污渍，否则再好的西装也会受影响。

（5）衣袖：正装衬衫应为长袖衬衫。

（6）穿法讲究。

①衣扣：衬衫的第一粒纽扣，穿西装打领带时一定要系好，否则松松垮垮，给人极不正规的感觉。不打领带时，一定要解开，否则给人感觉好像是忘记了打领带。同时，打领带时衬衫袖口的扣子一定要扣好，而且不可以把袖口挽起来。

②袖长：衬衫的袖口一般以露出西装袖口以外1~2厘米为宜。这样既美观又干净，但要注意衬衫袖口不要露出太长，否则过犹不及。

③下摆：衬衫的下摆不可过长，而且下摆要塞进裤子里。

不穿西装外套只穿衬衫打领带仅限室内，而且正式场合不允许。

3. 领带

领带是男士在正式场合的必备服装配件之一，它是男西装的重要装饰品，对西装起着画龙点睛的作用。所以，领带通常被称作"男子服饰的灵魂"。

①注意场合：打领带意味着郑重其事。

②注意与之配套的服装：西装套装领带非打不可，夹克等则不能打。

③注意性别：领带为男性专用饰物，女性一般不用，除非制服和装饰用。

④长度：领带的长度以自然下垂最下端（即大箭头）及皮带扣处为宜，过长过短都不合适。领带系好后，一般是两端自然下垂，宽的一片应略长于窄的一片，绝不能相反，也不能长出太多，如穿西装背心，领带尖不要露出背心。

⑤结法：挺括、端正、外观呈倒三角形。

4. 西裤

（1）因西装讲究线条美，所以西裤必须要有中折线。

（2）西裤长度以前面能盖住脚背，后边能遮住 1 厘米以上的鞋帮为宜。

（3）不能随意将西裤裤管挽起来。

5. 皮鞋和袜子

（1）皮鞋。

首先，穿整套西装一定要穿皮鞋，不能穿旅游鞋、布鞋或凉鞋，否则显得不伦不类。

其次，在正式场合穿西装，一般穿黑色或咖啡色皮鞋较为正式。但需要注意的是，黑色皮鞋可以配任何颜色的西装套装，而咖啡色皮鞋只能配咖啡色西装套装。白色、米黄色等其他颜色的皮鞋均为休闲皮鞋，只能在游乐、休闲的时候穿。

（2）袜子。

穿整套西装一定要穿与西裤、皮鞋颜色相同或较深的袜子，一般为黑色、深蓝色或藏青色，不能穿花袜子或白色袜子。另外，男士袜子的质地一般以棉质为宜，长度要高及小腿部位，不然坐下后会露出小腿皮肤。

6. 西装的扣子

西装的扣子有单排扣与双排扣之分。

单排扣的西装穿着时可以敞开，也可以扣上扣子。按照规矩，西装上衣的扣子在站着的时候应该扣上，坐下时才可以敞开。单排扣西装的扣子并不是每一粒都要系好的：单排扣一粒的扣与不扣都无关紧要，但正式场合应当扣上；2 粒的应扣上上面的一粒，底下的一粒为样扣，不用扣；3 粒的扣上中间一粒，上下各一粒不用扣。

双排扣的西装要把扣子全系上。双排扣西装最早出现于美国，曾经在意大利、德国、法国等欧洲国家很流行，不过现在已经不多见了。

西装背心的扣子，有 6 粒扣与 5 粒扣之分。6 粒扣的最底下的那粒可以不扣，而 5 粒扣的则要全部扣好。

7. 西装的口袋

西装讲求以直线为美。所以，西装上面有很多口袋为装饰袋，是不能够装东西的。我们知道，男士也有许多小东西，如果在穿西装时不注意，一个劲地往口袋里装，弄得鼓鼓的，那么肯定会破坏西装直线的美感，这样既不美观又有失礼仪。

穿西装尤其强调平整、挺括的外观，这就是线条轮廓清楚，服帖合身。这就要求上衣口袋只能用作装饰，不可以用来盛装任何物品，但必要时可装折好花式的手帕。西装左胸内侧衣袋，可以装票夹(钱夹)、小日记本或笔。右侧内侧衣袋，可以装名片、香烟、打火机等。

裤兜也与上衣袋一样，不能装太多物品，以求裤型美观。但裤子后兜可以装手帕、零用钱等。

需要注意的是，西装的衣袋和裤兜里，不宜放太多的东西。而且，把两手随意插在西装衣袋和裤兜里，也是有失风度的。

如要携带一些必备物品，可以装在提袋或手提箱里，这样不但看起来干净利落，也能防止衣服变形。

8. 男士穿着西装需注意"三个三"

（1）三色原则：正式场合，穿着西装套装全身上下不超过三种颜色。

（2）三一定律：着西装正装，腰带、皮鞋、公文包应保持同一颜色——黑色。

（3）三大禁忌：西装左袖的商标没有拆；穿白色袜子、尼龙袜子出现在正式场合；领带的打法出现错误。

（三）女士着装

相对偏于稳重单调的男士着装，女士们的着装则亮丽丰富得多。得体的穿着，不仅可以显得更加美丽，还可以体现出一个人良好的修养和独到的品位。

1. 职业装

穿着职业装不仅是对服务对象的尊重，同时也使着装者有一种职业的自豪感、责任感，是敬业、乐业在服饰上的具体表现。规范穿着职业服装的要求是整齐、清洁、挺括、大方，较少使用饰物进行点缀。

（1）整齐。服装必须合身，袖长至手腕，裤长至脚面，裙长过膝盖，尤其是内衣不能外露；衬衫的领围以插入一指大小为宜，裤裙的腰围以插入五指为宜。不挽袖，不卷裤，不漏扣，不掉扣；领带、领结、飘带与衬衫领口要紧凑且不系歪；如有工号牌或标志牌，要佩戴在左胸正上方，有的岗位还要戴好帽子与手套。

（2）清洁。衣裤无污垢、无油渍、无异味，领口与袖口处尤其要保持干净。

（3）挺括。衣裤不起皱，穿前要烫平，穿后要挂好，做到上衣平整、裤线笔挺。

（4）大方。款式简练、高雅，线条自然流畅，便于岗位接待服务。

女士职业装以套装为主，选择套装时要注意以下事项：

（1）颜色的选择。

套裙的最佳颜色是黑色、藏青色、灰褐色、灰色和暗红色。精致的方格、印花和条纹也可以接受。但选择红色、黄色或淡紫色的两件套裙要注意，因为它们的颜色过于醒目。

（2）衬衫。

衬衫的颜色可以多种多样，只要与套装相匹配就可以。白色、黄白色和米色能与大多数套装搭配。丝绸是最好的衬衫面料，也可选择纯棉，但要保证熨烫平整。

（3）围巾。

正式场合使用的围巾要庄重、大方。选择围巾时要注意颜色中应包含有套裙颜色，同时兼顾个人爱好、整体风格和流行时尚，最好无图案，亦可选择典雅、庄重的图案。最好选择丝绸材质的。

（4）袜子。

女士穿裙子应当配长筒丝袜或连裤袜，颜色以肉色、黑色最为常用，肉色长筒丝袜配长裙、旗袍最为得体。女士袜子一定要大小相宜。尤其要注意，女士不能在公众场合整理自己的长筒袜，而且袜口不能露在裙摆外边。不要穿带图案的袜子。应随身携带一双备用的透明丝袜，以防袜子拉丝或跳丝。

（5）鞋。

传统的皮鞋是最畅销的职业用鞋。它们穿着舒适、美观大方。建议鞋跟高度为3~4厘米。正式的场合不要穿凉鞋、后跟用带系住的鞋或露脚趾的鞋。鞋的颜色应与衣服下摆一致或再深一些。推荐中性颜色的鞋，如黑色、藏青色、暗红色、灰色或灰褐色。

（6）手提包和手提箱。

手提包和手提箱最好是用皮革制成的，手提包上不要带有设计者标签。女士的手提箱可以有硬衬，也可以用软衬。最实用的颜色是黑色、棕色和暗红色。

（7）首饰。

首饰泛指耳环、项链、戒指、手镯、手链、胸针等。佩戴时以少为佳、同质同色、风格一致。注意有碍于工作的首饰不戴、炫耀其财力的首饰不戴。

2. 职业装的穿着禁忌

（1）忌杂乱。

一是造型不能乱。女士职业装的造型丰富多样，搭配也较灵活。套装最能展示职业女性的职场风范。二是首饰不能乱。首饰是女士普遍喜爱的装饰品。恰当地佩戴首饰可以增添女性的气质和风韵。如果想要佩戴首饰则应戴造型简单、价格适中的首饰，以免夸张或炫耀。不宜佩戴过分彰显个性的首饰。首饰的质地、颜色、造型都应该与服装的风格相协调，佩戴首饰时不宜超过3种。

（2）忌鲜艳。

女士服装的款式与颜色非常丰富，但并不是所有的服装都适合工作时穿。办公室服饰的色彩应能体现着装者朴素、大方、端庄的形象，而不宜过于夺目，以免干扰工作环境，分散工作精力。若穿着职业套装，宜选择深色、纯色的西服套装或套裙。套装的花纹应越少越好、越淡越好，精致的条纹、方格和印花也可以接受。

（3）忌紧身。

女士服装较男士着装而言，能更加体现出女士优美的体形。但是工作时，要展示的是爱岗敬业的精神，训练有素的态度，而不是优美的线条。因此，职业装应略显宽松，以合体为标准，不宜过宽或过紧。紧身衣不便于肢体活动，也容易在正常行动中造成衣服开线、走形的尴尬。

（4）忌暴露。

女士职业装在款式上会追求时尚、新颖，但不能过于暴露。工作场合或正式场合中，女士着装应四不露，即不露胸、不露肩、不露背、不露腰。因此，不能穿低胸装、露肩装、露背装、露脐装。

（5）忌透视。

女士穿着职业装时应该展示成熟、自信、庄重的从业面貌，因此，职业装多是平实、保守、简洁裁剪的款式。正装若是太薄或透明，容易内衣外显，很不雅观。薄纱型衣、裙、裤，因其透光性较强，穿着时需有内衬。

二、服饰与色彩心理

服饰是个人形象塑造的重要组成部分，在个人形象设计中，它起着主导性作用。铁路客运服务人员专业形象的塑造应该根据职业的性质特点进行搭配，使服饰能够充分体现客运服务人员的职业优势，达到渲染美化职业形象的效果。

在日常生活中，铁路客运服务人员也要善于利用服饰来显示自身的审美品位和文化修养，构筑一道美丽的风景线。

服饰色彩搭配主要指在服饰颜色上相协调，整体上达到得体、大方的效果。

（一）色彩的心理寓意

一般色彩可分为无彩色和有彩色两大色系。无彩色是指除了彩色以外的其他颜色，常见的有金、银、黑、白、灰。有彩色是指带有某一种标准色倾向的色。它以红、橙、黄、绿、蓝、紫为基本色，基本色之间不同量的混合，以及基本色与黑、白、灰(无彩色)之间不同量的混合，会产生成千上万种有彩色。

不同颜色的服饰在不同场合产生的效果是不同的，给他人带来的心理感觉也是不同的，每个颜色都有自己的心理象征寓意。

1. 红色

红色的波长最长，穿透力强，感知度高。它易使人联想起太阳、火焰、热血、花卉等，感觉温暖、兴奋、活泼、热情、张扬、积极、希望、忠诚、健康、充实、饱满、幸福等向上的倾向，但有时也被认为是幼稚、原始、暴力、危险、卑俗的象征。

深红及带紫色的红给人的感觉是庄严、稳重而又热情，常见于欢迎贵宾的场合。含白色的高明度粉红色，则有柔美、甜蜜、梦幻、愉快、幸福、温雅的感觉，几乎成为女士的专用色彩。

2. 黄色

黄色是所有色彩中亮度最高的色彩，给人轻快、光辉、透明、活泼、光明、辉煌、希望、功名、健康等印象。但黄色因过于明亮而显得刺眼，并且与其他色相混易失去其原貌，故也有轻薄、不稳定、变化无常、冷淡等不良含义。黄色还被用作安全色，因为它极易被人发现，如室外作业的工作服。

3. 蓝色

蓝色与红色、橙色相反，是典型的寒色，具有沉静、自由、清新、冷淡、理智、高深、沉稳、安定、透明等含义，同时蓝色还代表和平。当然，蓝色也代表另一面的性格，如刻板、冷漠、悲哀、恐惧等。浅蓝色代表天真、纯洁、明朗而富有青春朝气，为年轻人所钟爱，但也有不够成熟的感觉。深蓝色系既可代表沉着、稳定，也可代表孤傲、忧郁、寡言，为中年人普遍喜爱的色彩。藏青则给人以大度、庄重的印象。

4. 绿色

绿色最适应人眼的注视，有消除疲劳、调节的功能，表示生命、青春、清新、希望、和平、新鲜等。古灰的绿，如土绿、橄榄绿、墨绿等色彩，给人成熟、老练、深沉的感觉。

5. 橙色

橙色与红色同属暖色，具有红色与黄色之间的色相，有让人活力四射的感觉，感觉时尚、青春、动感、活泼、跃动、炽热、温情、甜蜜、愉快、幸福，但也有疑惑、嫉妒等消极倾向性。含灰色的橙色是咖啡色，含白色的橙色是浅橙色，俗称血牙色，与橙色本身都是服饰中常用的甜美色彩，也是众多消费者，特别是女性、儿童、青年喜爱的服装色彩。

6. 粉红色

粉红色是时尚的颜色，代表了稚嫩、柔弱、美好的回忆，与爱情和浪漫有关，通常被认为是女士的颜色，但是并非女性专用色。粉红色具有可爱、温馨、娇嫩、青春、明快、恋爱、浪漫、愉快等含义。粉红色有使人放松的作用。

7. 紫色

紫色具有神秘、高贵、优美、庄重、奢华、可爱、优雅等气质，也代表着非凡的地位。紫色有高贵高雅的寓意，神秘感十足，是西方帝王的服饰颜色。一般人喜欢淡紫色，有愉快之感。含浅灰色的红紫色或蓝紫色，却有类似太空、宇宙色彩的幽雅、神秘之时代感，为现代生活广泛采用。

8. 黑色

黑色为无色相、无纯度之色，是白色的对比色，往往给人沉静、神秘、严肃、深沉、庄重、含蓄之感，另外，也易让人产生悲哀、压迫、恐怖等消极印象。尽管如此，黑色的组合适应性却极广，无论什么色彩，特别是鲜艳的纯色与其相配，都能取得赏心悦目的良好效果。

9. 白色

白色给人洁净、光明、纯真、清白、朴素、卫生、恬静、清爽、无瑕、冰雪、简单之感。在它的衬托下，其他色彩会显得更鲜丽、更明朗。多用白色还可能产生平淡无味的单调、空虚之感。

10. 灰色

灰色是中性色，代表寂寞、冷淡等。灰色使人有现实感，也给人稳重安定的感觉。其突出的性格为柔和、细致、平稳、朴素、大方、高雅、沉稳。它不像黑色与白色那样会明显影响其他的色彩。

11. 棕色

棕色代表健壮，与其他色不发生冲突，表达耐劳、沉稳、暗淡之情，因与土地颜色相近，所以给人可靠、朴实的感觉，也使人想起金秋的收获季节，故又有成熟、谦让、丰富、随和之感。

（二）服饰色彩的搭配原则

色彩来源于生活，在服饰中运用色彩搭配出好看的视觉效果，是一门很深的学问。要巧妙利用服饰色彩神奇的魅力，掌握服饰色彩搭配技巧，得体地打扮自己。

（1）上深下浅——端庄、大方、恬静、严肃。

（2）上浅下深——明快、活泼、开朗、自信。

（3）突出上衣时，裤装颜色要比上衣稍深。

（4）突出裤装时，上衣颜色要比裤装稍深。

（5）上衣有横向花纹时，裤装不能穿竖条纹的或格子类型。

（6）上衣有竖纹花型时，裤装应避开横条纹或格子的类型。

（7）上衣有杂色时，裤装应穿纯色。

（8）下装有杂色时，上衣应避开杂色。

注意：在配色时，必须注意服饰色彩的整体平衡以及色调的和谐。通常浅色服饰不会发生平衡问题，下身穿着暗色也没有多大问题。如果上身是暗色，下身是浅色，鞋子就扮演了平衡的重要角色，此时暗色便比较恰当。

▶任务实施

了解服饰礼仪，了解服饰与色彩心理，探讨色彩心理的影响，分析色彩对于服饰的影响。

▶任务评价

任务评价表

项目任务	仪表礼仪			
班　级		姓名		评价时间
考核内容				
考核项目	考核标准		分值	得分
仪表礼仪	1. 对仪表礼仪的理解		30	
	2. 服饰与色彩心理		30	
	3. 仪表对于服务的影响		40	
指导教师意见				
说明：建议采用四级评分制（如 90%~100%，80%~90%，60%~80%，<60%）				

实践训练

你心中的职业形象

一、实训目标

加深学生对服务礼仪的认识与理解。

二、实训内容

以小组为单位进行讨论。

（1）讨论在日常生活过程中，你对职业形象的认识。

（2）展示你心中的职业形象。

三、实训考核

（1）每组提交一份讨论报告。

（2）每个人在课堂上进行职业形象展示。

（3）根据各组讨论报告及现场个人表现，进行评分。

项目三

铁路旅客服务礼仪

近年来，铁路企业积极开发新产品，开行了高速铁路、动车组列车等高端产品，服务水准也就要求有相应的提高，这不仅仅是铁路员工自身形象的需要，更是提高铁路企业社会效益、铁路企业竞争力的需要。掌握服务礼仪，做到礼貌待客，是做好铁路旅客服务工作的先决条件。

学习目标

1. 掌握铁路旅客服务礼仪的基本知识
2. 理解铁路旅客服务仪态礼仪
3. 培养铁路旅客服务的礼仪意识

知识树

任务一 铁路旅客服务礼仪概述

知识导读

高铁动车组迎春运服务礼仪演练

2020年春运期间，成渝高铁动车组客运服务人员迎来了一场令人"紧张"的服务情景剧，对所有班组各工种服务项目进行全覆盖演练，强化动车组基础水平，提升动车组人员业务技能和基础素质，确保客运服务人员可以跨车型、跨线路、跨车队交替使用，具备"来之即战，战就必胜"的"应战"能力。

同步思考

（1）服务礼仪演练的目的是什么？
（2）你对铁路客运服务礼仪有哪些新的认识？

一、铁路旅客服务礼仪的含义

铁路旅客服务礼仪是指铁路客运服务人员在与旅客交往过程中应该具有的相互尊重和友好的行为规范和艺术，是展现行业工作特点、展示自身精神风貌的外在表现，是"以客为尊、以人为本"服务理念的具体体现，也是铁路优质服务的重要组成部分。

良好的铁路旅客服务礼仪不仅能体现铁路企业的管理水平和服务水平，同时还可以展现广大铁路职工爱岗敬业的良好精神风貌，是落实"全心全意为旅客服务"的具体体现。良好的服务礼仪能够弥补客运服务中存在的其他短板，满足旅客的服务需求，产生积极、广泛的社会影响。

二、铁路旅客服务礼仪的基本要求

（一）仪容仪表

仪容仪表主要包括铁路客运服务人员的容貌、举止、姿态、风度等。铁路旅客服务工作直接面向旅客并为其服务，整洁美观的制服与端庄大方的仪容，既是岗位工作责任感的反应，又是员工自尊自爱的体现。注重仪容仪表是尊重旅客的需要，是讲究礼貌、礼节的具体表现。在某种程度上，仪容仪表也是铁路员工的道德修养、文化水平、审美情趣和文化修养的外在表现。同时良好的仪容仪表会产生积极的宣传作用，反映了铁路部门的管理水平和服务水平。

铁路客运服务人员仪容仪表主要包括铁路制服的穿戴、标志的佩戴、化妆、体态等方面的要求。应遵循的原则是整洁大方、着装一致、气质高雅、精神饱满、举止大方。

(二) 礼貌服务用语

铁路旅客服务中要使用礼貌服务用语,它具有体现礼貌和提供服务的双重特性,是铁路客运服务人员同旅客进行信息沟通的重要交际工具,是优质服务的一种体现形式。铁路客运服务人员使用服务用语时应遵循"态度热情,用语文明,表达准确清晰,使用普通话"的基本原则。在服务时应注重语言沟通、尊重旅客、礼貌热情。讲话时,用语准确得体、简洁清晰,根据不同的服务对象和服务场合使用适当的称呼。谈吐文雅,语气轻柔,语调亲切、甜润,音量适中,讲究语言艺术。

(三) 优质服务态度

服务态度是指服务人员在为服务对象服务的过程中,在言行举止方面表现出来的神态。服务态度的作用是满足服务对象的精神需求或心理需求,使其不但获得合格满意的"产品",而且心情舒畅、满意。服务态度的内容包括热情、诚恳、礼貌、尊重、亲切、友好、谅解、安慰等。

(四) 规范行为举止

在铁路旅客服务中,客运服务人员要以礼待人。优雅得体的举止是内在素质的真实表露,是礼貌、礼节的外化。良好的行为举止既依赖于人的内在气质的支撑,又取决于个人是否接受过规范、严格的训练。它体现出一个人的职业道德品质、礼貌修养、人品学识、文化品位等方面的素质和能力。因此,铁路客运服务人员应该在职业道德修养、文化知识修养、心理素质修养和行为习惯修养方面不断提高自身水平,养成良好的行为习惯。

三、铁路旅客服务礼仪的原则

服务礼仪的原则是指服务人员在服务过程中各种礼仪规范和行为应共同遵守的基本原则,是服务中涉及的各种具体礼仪规范的提炼、概括和升华,具有普遍的指导意义。铁路旅客服务礼仪属于职业服务礼仪的一部分,在运用礼仪时,除了遵守真诚尊重、平等适度、自信自律、信用宽容的礼仪原则外,根据行业特色,还应该格外注重遵守以下原则:

(一) 旅客至上原则

随着市场经济的不断深入,面对激烈的竞争,铁路企业要坚持"人民铁路为人民"的服务宗旨,树立"以人为本,旅客至上"的服务理念,实现安全正点、方便快捷、设备良好、车容整洁、饮食卫生、文明服务的质量目标,真正做到"以服务为宗旨,待旅客为亲人"。

(二) 用心服务原则

铁路是窗口单位,每天接待数以万计的旅客,特别是春运、节假日等特殊时期,旅客出行人数更多,要想在繁杂劳累的工作中保持良好的服务礼仪,就必须从内心去感受或体会礼仪服务的重要性和必要性,养成礼仪服务的职业习惯,做到服务发自内心。在工作中,始终把用心服务、主动服务、变通服务、激情服务的服务意识牢记心中,做到"问不恼是职责标准,问不倒是努力方向"，面对旅客的问询要不厌其烦，耐心热情。用心服务就是在工作中让旅客放心、顺心、舒心。以安全的运行保障让旅客放心；在购票、乘车、出站等方面以无障碍的通行让旅客顺心；以客运服务人员用心用情的真诚服务让旅客舒心。

（三）一视同仁原则

在铁路客运服务中，"一视同仁"是指所有旅客都应该受到尊重，绝不能厚此薄彼。具体运用礼仪时可以根据不同的交往对象因人而异，但是在对旅客表示恭敬和尊重的态度上一定要一视同仁。旅客千差万别，各色各态，但"来的都是客"，必须一视同仁，不能凭外表的差别、主观之好恶而区别对待。无论是外宾内宾、男士女士，一律同等对待。

（四）持之以恒原则

铁路运输服务礼仪作为规范化服务的重要内容之一，铁路客运服务人员只有通过系统的岗位培训，规范岗位纪律和要求才能得以实现。服务礼仪体现在服务过程的每个细微之处，在这个过程中，从业人员只有保持心理平衡，保持良好的服务心态并持之以恒，才能将职业要求逐步形成职业习惯，才能从根本上形成良好的服务规范。

⚑ 任务实施

了解铁路旅客服务礼仪，了解铁路旅客服务礼仪的基本要求，探讨铁路旅客服务礼仪的原则。

⚑ 任务评价

任务评价表

项目任务	铁路旅客服务礼仪			
班 级		姓名		评价时间	
考核内容				
考核项目	考核标准		分值	得分
铁路旅客服务礼仪	1. 铁路旅客服务礼仪		30	
	2. 铁路旅客服务礼仪的基本要求		30	
	3. 铁路旅客服务礼仪的原则		40	
指导教师意见				
说明：建议采用四级评分制（如 90%~100%，80%~90%，60%~80%，<60%）				

任务二　铁路旅客服务仪态礼仪

知识导读

礼仪培训师在车站开展客运服务礼仪培训

2019年12月8日，南昌铁路漳州车务段邀请了礼仪培训师在车站开展客运服务礼仪培训，礼仪老师通过生动有趣的方式讲解了客运服务礼仪的仪态礼仪、形象塑造、规范运用等专业知识和实操技能，让客运服务人员更好地了解服务礼仪的重要性，切实提高漳州站客运服务人员的整体服务素养，为备战2020年春运夯实了基础。

同步思考

（1）你了解的仪态礼仪有哪些？

（2）如何认识仪态礼仪在铁路客运服务中的作用？

仪态是一个人的姿态、举止和动作。正所谓"形象就是服务"，一个人优雅的仪态是其形象的重要组成部分，优雅的仪态是风度、气质的表现，它比语言更能让对方感到友好和亲切。

一、站姿

站姿是铁路客运服务人员平时经常采用的一种静态的身体造型，同时又是其他动态的身体造型的基础和起点。在人际交往中，站姿是一个人全部仪态的根本。

（一）基本站姿

1. 头正

双目平视，下颌微收，面带微笑。

2. 肩平

双肩平正，放松下沉。

3. 躯挺

挺胸、收腹、立腰、拔背。

4. 臂垂

双臂自然下垂于体侧，中指贴拢裤缝。

5. 腿并

女性客运服务人员两腿并拢直立，大腿内侧肌肉夹紧，两脚跟相靠，两脚成V字形，身体重心主要支撑于脚掌、脚弓上。男性客运服务人员双脚分开，与肩同宽，脚尖略向外张。

6. 体直

从侧面看，头部、肩部、上肢与下肢应在一条垂直线上。

（二）服务中的站姿

在工作岗位上，当接待旅客或者为其提供具体的服务时，铁路客运服务人员在保持基本站姿的基础上，可根据本人的实际情况或工作需要，适当地变化站立的具体姿势。

1. 为人服务的站姿

在工作岗位上接待旅客时，客运服务人员可以采用此种站姿。当身前没有障碍物挡身、受到他人的注视、与他人进行短时间交谈或倾听他人的诉说时，都是采用这种站立姿势的良好时机。

（1）头部可以微微侧向自己的服务对象，但一定要保持微笑。

（2）手臂可以持物，也可以自然下垂。在手臂垂放时，从肩部至中指应当呈现出一条自然的垂线。

（3）小腹不宜凸出，臀部同时应当紧缩。最关键的地方在于：双脚一前一后站成"丁字步"，即一只脚的后跟紧靠在另一只脚的内侧，双膝在靠拢的同时，两腿的膝部前后略为重叠。

2. 列车上的站姿

列车上铁路客运服务人员为旅客服务时，往往有必要采用一种特殊的站姿。它的基本要求是，既要安稳、安全，又要兼顾礼貌与美感。当列车正在运行时，达到这一要求是有一定难度的。

（1）双脚之间可以适当地张开一定距离，重心放在脚后跟与脚趾中间。不到万不得已，叉开的双脚不宜宽于肩部。

（2）双腿应尽量伸直，膝部不宜弯曲，而是应当有意识地稍向后挺。

（3）身子要挺直，臀部略微用力，小腹内收，不要驼背弯腰。

（4）双手可以轻轻地相握腹前，或者用一只手扶着安全扶手。

（5）头部以直为佳，最好目视前方。

铁路客运服务人员采用此种站姿在列车上站立时，应尽可能地与旅客保持一定距离，以免误踩、误撞到对方。

（三）站姿动作要领

1. 女士站姿动作要领

（1）头位及肩位。

站立时，头要正，下颌微收，肩要并，并微向后张，双肩自然下垂；要挺胸、收腹、立腰。

（2）手位。

在正式的交往场合，双臂在体侧自然下垂，五指并拢，自然微屈，中指压裤缝，或者双手在体前交叉相握，右手放在左手上，置于腹前。

（3）脚位。

站立时，两腿挺直，两膝并拢，脚跟靠紧，双脚呈V字形，脚尖分开约45°。从正面看，身体的重心线应在两腿中间，并通过脊柱及头部，要防止重心线偏左或偏右。身体重量均匀分布在两个前脚掌。

2. 男士站姿动作要领

（1）头位及肩位。

脖颈挺直，头向上顶。两肩放松下沉，气沉于胸腹之间，自然呼吸。脊柱、后背挺直，胸略向前上方提起。

（2）手位。

两手臂放松，自然下垂于体侧。

（3）脚位。

两腿并拢直立，腿部肌肉收紧，大腿内侧夹紧，髋部上提。腹肌、臀大肌微收缩并上提，臀、腹部前后相夹，髋部两侧略向中间用力。两脚跟相靠，脚尖展开45°～60°，身体重心主要放在脚掌、脚弓上。

（四）站姿的训练方法

1. 五点靠墙

背靠墙站立，脚跟、小腿、臀部、双肩和头部靠着墙壁，以训练整个身体的控制能力。

2. 双腿夹纸

站立者在两大腿间夹上一张纸，保持纸不松、不掉，以训练腿部的控制能力。

3. 头上顶书

站立者按要领站好后，在头上顶一本书，努力保持书在头上的稳定性，以训练头部的控制能力。

4. 效果检测

轻松摆动身体后，瞬间以标准站姿站立，若姿势不够标准，则应加强练习，直至无误为止。站立时，切忌东倒西歪，无精打采，懒散地倚靠在墙上、桌子上；不要低着头、歪着脖子、含胸驼背；不要将身体的重心明显移到一侧，只用一条腿支撑着身体；不要下意识地做小动作，如腿不由自主地抖动等。在正式场合，不要将手插在裤袋中，切忌双手交叉抱在胸前，或是双手叉腰。

知识窗

矫正驼背的训练方法

驼背也称圆背，是脊柱变形的一种表现。驼背是比较普遍的现象，大多是因为长期的不良姿势造成的，矫正驼背只有通过形体训练加以矫正。

1. 驼背判断标准

站立时背部贴在墙上，两眼自然平视前方，请另一个人站在旁边测量脖子后缘最凹的部位与墙面之间的距离，正常应该在 6 厘米左右，如果超过 10 厘米就是有明显驼背了。

2. 矫正方法

矫正的方法是重点锻炼腰背部及胸部的伸展。其具体的方法如下：

（1）俯卧挺身法。

按以下图示方法，每组做 20 次，每次共做 5 组。

①伏卧在垫子上放松，把双手手臂慢慢升到肩膀位置。

②双脚靠拢提升，此时脚尖要伸直。提升双手手臂时，脖子也要提升，俯卧挺身如图 3-1 所示。

图 3-1 俯卧挺身

③轻轻恢复到原来状态。

（2）扩胸保健操。

按以下方法，每组做 15 次，每次共做 4 组。

①坐在椅子边上，弯曲手臂，与肩膀平行，手指在胸前正中。

②慢慢把双臂拉向后方扩胸，像是肩胛骨向背中靠拢般扩胸。

③胸部向前突起，脖子慢慢朝上，同时慢慢吐气（3～5 秒），扩胸保健如图 3-2 所示。

图 3-2 扩胸保健

二、坐姿

端庄的坐姿是一种文明行为，让人觉得优雅、舒适，古人云"坐如钟"，即坐要像钟一样端正。优美的坐姿能给人端正稳重之感,它能体现一个人的形态美。

(一)坐姿的种类

1. 标准式

标准式坐姿可以称为第一坐姿,此坐姿适合于刚刚与人接洽时。

其要领是抬头收颔,挺胸收肩,两臂自然弯曲,双手交叉叠放在腿部,并靠近小腹。两膝并拢,小腿垂直于地面,两脚尖朝正前方。着裙装的女士在入座时要用双手将裙摆内拢,以防坐出褶皱或使腿部裸露过多。

2. 屈直式

屈直式坐姿,右脚前伸,左小腿屈回,大腿靠紧,两脚前脚掌着地,并在一条直线上。

3. 侧点式

采用侧点式坐姿时,两膝并拢,右脚跟靠拢左脚内侧,右脚掌着地,左脚尖着地,头和身躯向左斜。注意大腿小腿要成90°的直角,小腿要充分伸直,尽量显示小腿长度。两膝在整个过程中,始终相靠。

4. 侧挂式

侧挂式坐姿是在侧点式的基础上,左小腿后屈,脚绷直,脚掌内侧着地,右脚提起,用脚面贴住左踝,膝和小腿并拢,上身右转。

(二)标准的坐姿

(1)面带笑容,嘴唇微闭,下颔微收,表情自然,目光平视前方或注视交谈对象。

(2)身体端正舒展,重心垂直向下或稍向前倾,腰背挺直。

(3)臀部至少坐满椅子的三分之二,脊背轻靠椅背。

(4)女士双膝自然并拢。男士双膝微开,双腿正放或侧放。

(5)女士两手合握置于两腿间。男士既可把两手合握置于两腿间,也可把两臂自然弯曲放在腿上。

(6)谈话时,身体要与对方平视的角度保持一致。可以侧坐,此时上体与腿同时转向一侧。

(三)入座、离座动作要领

(1)轻、稳、缓。走到座位前,转身后轻稳地坐下。

(2)正式场合一般从椅子的左边入座,离座时也要从椅子左边离开,这是一种礼貌。女士入座尤要娴雅、文静、柔美。如果椅子位置不合适,需要挪动椅子的位置,应当先把椅子移至欲就座处后入座。

(3)坐在椅子上,应至少坐满椅子的2/3,宽座沙发则至少坐1/2。落座后至10分钟左右时间不要靠椅背。时间久了,可轻靠椅背。

(4)女士着裙装入座时,应先用双手轻拢裙摆,以显得娴雅端庄。

(5)坐下之后,双脚并齐,双腿并拢。

（6）手位：坐在椅子上，要立腰、挺胸，上体自然挺直。双肩平正放松，两臂自然弯曲放在腿上，亦可放在椅子或是沙发扶手上，以自然得体为宜，掌心向下。

（7）脚位：双膝自然并拢，双腿正放或侧放，双脚并拢、交叠或成小V字形。

（8）侧坐：谈话时应根据交谈者的方位，将上体双膝侧转向交谈者，上身仍保持挺直，不要出现恭维、讨好的姿态。女士需要侧坐时，应当将上身与腿同时转向同一侧，但头部保持向着前方。

（9）离座时，要自然稳当，右脚向后收半步，而后站起。

三、行姿

行走，是我们日常生活、工作中经常发生的动作，行姿优雅、端庄，不仅给人沉着、稳重、冷静的感觉，而且是展示自己气质、风度和修养的重要形式。行姿也称走姿，其基本要求是走得正而自然、优雅、有节奏，从而呈现出行人朝气蓬勃、自信、积极向上的精神状态。

（一）行姿的基本要领

1. 上身位
在行走时，上身基本保持站立的标准姿势，自然挺拔，头正、挺胸、收腹、立腰、背直。

2. 手位
双肩平稳，但不要过于僵硬。两臂以身体为中心，前后自然摆动。前摆约35°，后摆约15°，手掌朝向体内。

3. 步位
起步时，身子稍向前倾，重心落在前脚掌，膝盖伸直；脚尖向正前方伸出。腿部应是大腿带动小腿，脚跟先着地，保持步态平稳。女性在穿高跟鞋时尤其要注意膝关节的挺直，否则会给人"登山步"的感觉，有失美观。

4. 步幅
步幅的大小应根据身高、着装与场合的不同而有所调整。女士在穿裙装、高跟鞋时，步幅应小一些；相反，穿休闲长裤时，步伐可以大些。具体来说，男士步幅（前后脚之间的距离）约25厘米，女士步幅约20厘米，或者说前脚跟与后脚尖相距约为一脚长。

5. 步速
步速要平稳、适中。根据服装、场合等综合因素决定步速。

6. 步态
性别不同，步态也会有所差异。男士步伐矫健、稳重、刚毅、洒脱、豪迈，好似雄壮的"进行曲"，气势磅礴，具有阳刚之美，步伐频率约为每分钟100步；女士步伐轻盈、玲珑、贤淑，具有阴柔、秀雅之美，步伐频率约为每分钟90步。

7. 步韵
跨出的步子应是全脚掌着地，膝和脚腕不可过于僵直，应该富有弹性，膝盖要尽量绷直，双臂应自然轻松摆动，使步伐因有韵律节奏感而显得优美柔韧。

（二）行姿的训练方法

1. 练习腰部

行走属于动态美，是全身协调性运动，在这其中，腰部的控制力又是至关重要的。练习时，双手固定于腰部，脚背绷直，踮脚正步行走，不需要额外找场地、找时间，在家中随时都可以练习。

2. 练习背部

良好的身姿还体现在背部。脊背是行进中最美妙的音符，因此要练习脊背和脖颈的优雅。头顶放一本书走路，保持脊背伸展和头正、颈直、目平，起步行走时，身体略前倾，身体的重心始终落于行进在前边的脚掌上，在前边的脚落地，后边的脚离地的瞬间，膝盖要伸直，脚落下时再放松。

3. 练习脚步

练习脚步，内八字和外八字绝对是不可取的。在地上画一条直线或利用地板的缝隙练习，两脚内缘的着力点力求落在直线两侧，通过不断练习，保持好行走的轨迹和稳定性。

4. 练习协调性

要进行全身的协调性训练，使行走中身体的每一部分都能呈现出律动之美。步伐要矫健、轻盈，富有稳定的节奏感。

（三）行姿礼仪

1. 一个人行走时

一个人行走时，要靠右侧行走，将左侧留给急行的人，乘坐滚梯时也是这样，其实如果留心，就可以看到很多大型超市的滚梯都用黄线做出了明显标志，示意行人乘梯靠右侧站立，左侧留给急行的人，这也作为突发意外时的应急通道，可以让救援人员快速通过。

2. 两个人行走时

如果是两个人一起行走，行走的规则是以右为尊，以前为尊。比如，和服务对象或上司一同行走时，应该站在他们的左侧，以示尊重。如果是一位男士和一位女士同行，就应该遵照男左女右的原则。

3. 三个人行走时

如果三人同行，都是男士或都是女士，那么以中间的位置为尊，右边次之，然后是左边。如果是一位男士和两位女士同行，那么男士应该在最左边的位置。如果是一位女士和两位男士同行，则女士在中间。很多人一起行走时，以前为尊，按照此原则向后排序。

4. 在室外行走时

如果在室外行走，应该请受尊重的人走在马路的里侧。如果道路比较拥挤狭窄，应该注意观察周围情形，照顾好同行的人。同时要保持良好的仪态，不能因为在室外就四处张望或是拉拉扯扯，不论多么熟悉的同事和服务对象，在大庭广众之下都应该保持职业人士的端庄仪态。如果因为人群拥挤不小心碰到他人、踩到他人或绊倒其他人，要及时道歉，并给予必要的帮助。如果别人无意识地碰到自己或妨碍到自己，应小心提醒并予以体谅。

（四）行姿注意事项

1. 手臂的摆动
要注意手臂的摆动，千万不能夹着手臂走动；不能把手抱在胸前或是倒背着双手走路。

2. 抬脚
走路时脚不要离地面太近，这是一种很消极的身体语。如果在工作场合，这种消沉的姿态很容易传导给同事或服务对象不良的感觉，使大家不愿意与你接近，也不能低着头走路，这同样不是一种积极的表现。身在职场要始终表现出自信、练达和对工作的热情。

3. 及时调整脚步
走路时要因场地及时调整脚步的轻重缓急，不能把地板踩得"咚咚"作响。无论遇到多么紧急的事情，也不能体现在脚步的重量上，可以采用加快步伐频率的方法提速。

4. 不正确的步态
（1）内八字和外八字，弯腰驼背、歪肩晃膀。
（2）走路大甩手，扭腰摆臀，左顾右盼。
（3）双腿过于弯曲，走路不成直线。
（4）走路步子太大或太碎，上下颤动，脚蹭地面等。

5. 工作岗位上应注意的事项
（1）避免横冲直撞。有的人在行进之时，不懂得要尽可能地避免在人群之中穿行，却偏偏乐于在人多的地方行走，甚至在人群之中乱冲乱撞，直接碰撞到他人的身体。这是一种极其失礼的做法，客运服务人员如果这样做，则更是不应该的。

（2）避免悍然抢行。在人多路窄之处，通过时务必要讲究"先来后到"。必要的时候，为了表示自己的良好教养和对别人的尊重，还应当对于其他人"礼让三分"，让道于人。

（3）避免阻挡道路。铁路客运服务人员在行进时，一定要顾及旅客的存在。在道路狭窄之处，一旦发现自己阻挡了他人的道路，务必要闪身让开，请对方先行。

（4）避免奔来跑去。铁路客运服务人员行进时若非碰上了紧急情况，不要在工作时进行跑动，尤其是不要当着旅客的面突然狂奔而去。这样的做法通常会令其他人不明真相，猜测不已，甚至还有可能使其他人产生过度紧张的情绪，或者由此而以讹传讹，引发骚乱。

（5）避免制造噪声。客运服务人员在走路时应有意识地悄然无声，特别应当注意：一是走路时要轻手轻脚，不要在落脚时过分用劲；二是上班时不要穿带有金属鞋跟或钉有金属鞋掌的鞋子，以防它们在接触地面时频频发出"噔噔噔"的响声；三是上班时所穿的鞋子一定要合脚，否则走动时它也会发出令人厌烦的噪声。

6. 走姿的特例
陪同引导、出入房间等情况，要注意以下几点：

（1）陪同引导。

陪同，指的是陪伴着别人一同行进；引导，则是指在行进之中带领别人，有时又叫作引领、引路或带路。陪同引导服务对象时，通常应注意：

①本人所处的方位。若双方并排行进时，客运服务人员应居于左侧。若双方单行行进时，则客运服务人员应居于左前方约1米的位置。当服务对象不熟悉行进方向时，一般不应请其先行，同时也不应让其走在外侧。

②协调的行进速度。在陪同引导服务对象时，行进的速度须与对方协调，切勿我行我素，走得太快或太慢。

③及时的关照提醒。陪同引导服务对象时，一定要处处以对方为中心。每当经过拐角、楼梯或道路坎坷、照明欠佳之时，须关照提醒对方留意。绝不可以不吭一声，而让对方茫然无知或不知所措。

④采取正确的体位。陪同引导服务对象时，有必要采取一些特殊的体位。请对方开始行进时，应面向对方，身体前倾，表达敬意。在行进中与对方交谈或答复其提问时，应以头部、上身转向对方。

（2）出入房间。

进入或离开房间时，通过房间的这一细节千万不要小视。对广大铁路客运服务人员而言，需要认真注意的地方主要有五点：

①通报在先。在出入房间时，尤其是在进入房间前，一定要采取叩门、按铃的方式，向房内之人进行通报。

②以手开关。出入房间时，务必要用手来开门或关门。在开关房间时，用肘部顶、用膝盖拱、用臀部撞、用脚尖踢、用脚跟蹬等不良做法，都不宜为客运服务人员所用。

③面向他人。出入房间，特别是在出入一个较小的房间，而房内又有自己熟悉之人时，最好是反手关门、反手开门，并且始终注意面向对方，而不是以背部对着对方。

④后入后出。与服务对象一起先后出入房间时，为了表示自己的礼貌，客运服务人员一般应当请对方先进门、先出门，自己后进门、后出门。

⑤为人开门。在陪同引导服务对象时，客运服务人员还有义务在出入房间时替对方拉门。在拉门时，要注意分析具体情况，该拉就拉，该推就推。但在拉门或推门后须使自己处于门后或门边，而不宜无意之中挡道拦人。

知识窗

矫正"O""X"形腿的训练方法

"O"形腿俗称"罗圈腿""弓形腿"。在医学上称为膝内翻，指的是在膝关节处，小腿的胫骨向内旋转了一定的角度。膝内翻的定义并不是以内翻所成角的指向而命名的，而是以小腿胫骨的翻转方向命名的。膝内翻，其膝关节成角是指向外侧的，因此经常会被误称为膝外翻。

"X"形腿，指站立时两膝并拢时两脚不能并拢，间隔距离为1.5厘米以上。它同样是由于先天遗传，后天营养不良，幼儿时期坐、走姿势不正确所引起的，造成股骨内收、内旋和股骨外展、外旋，形成一种骨关节异常现象。

矫正方法：

一是弓步侧压腿法。一腿弯膝，另一腿直腿侧伸或弓步，两手分别扶在两膝部位做压腿，直腿一侧的手臂用力向下压膝关节的外侧部。两腿交替进行，一腿压30次，交替各进行2组。

二是杠铃夹腿深蹲法。肩负中等重量的杠铃，两腿分开约同肩宽，慢慢下蹲至全蹲（膝角小于90°），然后快速夹腿直立，1组做8～10次，共做4～6组。

三是并腿蹲起法。两脚及两腿并拢，俯身站立，双手扶膝，做往里推夹的动作（两腿不要分开），接着做下蹲与起立动作1次，再做向左与向右转动膝盖的练习1次，如此反复，每15次为1组，共做3组。

四是两腿夹书法。两腿夹书本，坐在椅子上，两腿伸直、夹紧，在踝关节上部（小腿下部）夹一本厚薄适宜的书，坚持在数分钟内不让书本落下。

矫正高低肩的训练方法

由于长期单侧挎包或单肩扛、手提重物，使两肩用力不均，造成肩部下肌群紧缩，上臂肌拉长而成斜肩，从而导致两肩高低不一。以下介绍一套矫正操：

（1）上身直立，两脚分立，与肩同宽，两手持哑铃垂于体侧，然后吸气，同时两臂做侧上举。放下还原时呼气。重复10～15次。

（2）两脚开立，与肩同宽，偏低一侧手持哑铃做单侧耸肩，另一侧手叉腰，意念集中，重复做10～15次。

（3）两脚开立，用偏低一侧的单臂做哑铃正推举，意念要集中，重复做10～15次。

（4）单杠正握悬垂10～15秒。

（5）单杠双臂正握悬垂，颈后引体向上8～10次。

（6）单杠双臂正握悬垂，向后收腹团身翻臀成吊肩悬垂，接着再向前提臀翻转还原成正悬垂。重复做8～15次。

（7）偏低一侧的单臂做单杠悬垂动作10～15秒。

四、蹲姿

蹲姿是铁路旅客服务工作中不可避免的一种姿态，它是人体静态美与动态美的综合。蹲姿要姿态优雅，动作自然得体。正确优雅的蹲姿可体现出个人良好的行为习惯和文明程度。一般情况下，一个人采取蹲的姿势，时间上不宜过久，否则就会感觉不适。因此，蹲的姿势其实只是人们在比较特殊的情况下所采取的一种暂时性的体位。

（一）允许蹲姿的情况

1. 捡拾地面物品

在铁路客运服务过程中，拿取低处的物品或是拾起落在地上的东西时需要采用蹲姿。这是蹲姿运用最多的情况之一，应自然、得体、大方、不遮遮掩掩。

2. 给予旅客帮助

如与小孩子交谈时，可以采用蹲姿。

3. 整理工作环境

如打扫车厢卫生等可以采用蹲姿。

（二）基本蹲姿

（1）下蹲拾物时，站在所取物品的旁边，屈膝蹲下，要慢慢地把腰部低下，应自然得体、大方、不遮遮掩掩。

（2）下蹲时，两腿合力支撑身体，掌握好身体的重心。脊背保持挺直，臀部向下，避免弯腰翘臀的姿势。

（3）一脚在前，一脚在后，向下蹲。前脚全着地，小腿基本垂直于地面，后脚跟提起，脚掌着地。

（4）下蹲时，应使头、胸、膝关节在一个角度上。

（5）男士下蹲时两腿间可留有适当的缝隙，女士下蹲时则要两腿并紧。

（6）若用右手捡东西，可以先走到物品的左侧，右脚向后退半步后再蹲下来。

（三）蹲姿的种类及要领

1. 女士高低式蹲姿

（1）下蹲时，右脚稍后(不重叠)，两腿靠紧向下蹲。蹲时，右脚退后一小步，若女士穿裙装，应先拢一下裙摆，左膝盖稍向内侧斜，两腿靠紧向下蹲，臀部向下，重心下移，然后缓缓地、稳稳地蹲下，采用两膝高低不一致的半蹲式。上身保持挺直、立腰，起身后，收回右脚。做到轻蹲轻起，直蹲直起。

（2）左脚全脚着地，左小腿基本垂直于地面，右膝跪地，右脚脚跟提起，右脚前脚掌着地。

（3）右膝低于左膝，右膝内侧靠于左小腿内侧，形成左膝高、右膝低的姿态。

（4）臀部向下，基本上以右腿支撑身体。

2. 女士交叉式蹲姿

下蹲时，右脚退后一小步，穿裙装时应先拢一下裙摆，右膝盖交叠于左膝盖，两腿靠紧，合力支撑身体，臀部向下，然后缓缓地、稳稳地蹲下，上身挺直、立腰，起身后，收回右脚。

3. 男士高低式蹲姿

高低式蹲姿是男士特有的蹲姿。

（1）下蹲时，两腿之间可有适当的距离，右脚向后退半步，左脚在前，右脚在后。

（2）左脚全脚着地，小腿基本垂直于地面，右脚脚跟提起，脚掌着地，基本上以右腿支撑身体。注意脊背保持挺直，臀部向下，避免弯腰翘臀的姿势。做到轻蹲轻起，直蹲直起。

4. 半蹲式蹲姿

采用半蹲式蹲姿下蹲时，上身稍许弯下，但不要和下肢构成直角或锐角；臀部务必向下，而不是撅起；双膝略为弯曲，角度一般为钝角；身体的重心应放在一条腿上；两腿之间不要分开过大，一般在行走时临时采用半蹲式蹲姿。它的正式程度不及前两种蹲姿，但可以在应急时采用。其基本特征是身体半立半蹲。

5. 半跪式蹲姿

半跪式蹲姿又叫作单跪式蹲姿，双腿一蹲一跪。在下蹲后，改为一腿单膝点地，臀部坐在脚跟上，以脚尖着地；另外一条腿，应当全脚着地，小腿垂直或斜立于地面；双膝应同时向外，双腿应尽力靠拢。它也是一种非正式蹲姿，多用在下蹲时间较长，或为了用力方便时。

（四）蹲姿注意事项

1. 不要突然下蹲

蹲下时，不要速度过快。当自己在列车行进中需要下蹲时，要特别注意这一点。

2. 不要离人太近

在下蹲时，应和身边的人保持一定距离。和他人同时下蹲时，更不能忽略双方的距离，以防彼此"迎头相撞"或发生其他误会。

3. 不要方位失当

在他人身边下蹲时，最好是和他人侧身相向。正面他人，或者背对他人下蹲，通常都是不礼貌的。

4. 下蹲时注意衣着适当

在公共场所下蹲时，身着裙装的女士一定要避免个人隐私暴露在外，内衣"不可以露，不可以透"。弯腰捡拾物品时，两腿叉开，臀部向后撅起，是不雅观的姿态。两腿展开平衡下蹲，其姿态也不优雅。因为蹲姿是在特殊情况下的姿势，所以不可随意乱用。另外，不可蹲在椅子上，也不可蹲着休息。

知识窗

练一练：贴墙半蹲

贴墙半蹲是在膝关节受损伤感到疼痛时必须练习的一种动作。它有很强的纠偏修复功能和保健功能，如图3-3所示。

具体方法：首先背靠墙身体站直，然后一只脚向前迈30厘米左右，另外一只脚也跟上来，身体蹲下来，蹲到什么程度呢？你的膝关节在什么角度疼痛，就蹲到膝关节疼痛的这个位置，坚持住不动，做多长时间呢？3分钟、5分钟做一组都可以，如果身体比较好，做10～20分钟也可以。这个动作可以分三个角度来做，90°做一下，然后扶着墙慢慢起来，100°做一个，再往高起，脚往后挪一点，120°左右再做一下，时间同前面的一样，这样反复练，如果感觉腿、膝关节前侧的髌骨和韧带都是硬硬的，就得到了有效锻炼。

图 3-3 动作练习

五、鞠躬

鞠躬，即弯身行礼，是问候的一部分，主要表达"弯身行礼，以示恭敬"的意思，是表示对他人敬重的一种郑重礼节。此种礼节一般是下级对上级或同级之间、学生向老师、晚辈向长辈、客运服务人员向旅客表达由衷的敬意。

（一）鞠躬礼的要领

行礼前，以基本服务站姿为基础，面带微笑，目光柔和亲切，中腰前倾15°～45°，速度适中。前倾时，头部、颈部、背部保持一条直线，目光随鞠躬自然下垂，同时致以问候或告别语，如"你好""欢迎乘车"等。鞠躬礼毕，随后直起身，上身抬起的速度要比下弯时稍缓一些，直起身后仍保持基本服务站姿，目光仍然礼貌地注视对方，始终面带微笑。

1. 女士鞠躬礼

女士以叉手站姿站好，双手虎口相握，搭放腹前，上身前倾，头、颈、背尽量呈直线，向前倾斜特定的角度，稍作停留(致歉或致谢时可多停留片刻)再起身，恢复叉手站姿。

2. 男士鞠躬礼

男士以标准站姿站好，双手自然下垂，贴放在身体两侧裤线处，脚跟并拢，以腰部为轴，上身、肩部、头部前倾15°～45°。施完礼后，恢复标准站姿。

（二）鞠躬礼的种类

1. 三鞠躬

三鞠躬，意为三度弯身致敬，为最敬之礼节。适用于中国传统婚礼、追悼等特殊场合。

（1）行礼之前应先脱帽，摘下围巾，身体肃立，目视受礼者。

（2）男士的双手自然下垂，贴放于身体两侧裤线处。女士的双手下垂搭放在腹前。

（3）身体上部向前下弯约90°，然后恢复原样，如此3次。

2. 深鞠躬

其基本动作同于三鞠躬，区别在于深鞠躬只要鞠躬1次即可，但要求弯腰幅度一定要达到90°，以示敬意。适用于极度感谢、抱歉、忏悔等情形。

3. 社交、商务鞠躬礼

（1）行礼时，立正站好，保持身体端正。

（2）面向受礼者，距离为两三步远。

（3）以腰部为轴，整个肩部向前倾15°以上（具体视行礼者对受礼者的尊敬程度而定），同时问候"您好""欢迎光临"等。

一般情况下，社交、商务场合的鞠躬礼有15°、30°和45°之分，15°、45°鞠躬礼如图3-4所示。15°鞠躬礼适用于工作环境中，同事之间、熟人之间打招呼，是一种"点头礼"。15°鞠躬礼也适合在多人场合，无法一一问候时施行。常用于乘务服务的迎客和送客阶段，是一种"颔首礼"。

30°鞠躬礼通常适用于正式社交环境的工作中的接待、服务，表示郑重、尊重，乘务工作中则用于致意。

45°鞠躬礼，上身倾斜45°，适用于服务场合的致谢和道歉，态度诚恳、真诚。

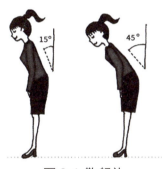

图 3-4 鞠躬礼

（三）注意事项

铁路客运服务人员在鞠躬时应注意做到：

（1）鞠躬时应面带微笑，双脚并拢，脚尖略分开，双手四指并拢，交叉相握，右手叠放在左手之上，自然垂下，身体向前，腰部下弯，头、颈、背自然呈一条直线，上身起时，要比向下弯时稍慢；视线随着身体的移动而移动，视线的顺序是旅客的眼睛—脚—眼睛。

（2）禁忌：一忌双腿没有并齐的鞠躬；二忌驼背佝胸、脖子伸得太长；三忌只弯头的鞠躬；四忌眼睛斜视、环视或漫不经心、鞠躬随意；五忌弯腰速度过快；六忌鞠躬时，嘴里吃东西。

六、手势

手势即手臂姿态，是最有表现力的一种"体态语言"。俗话说，"心有所思，手有所指"。手势的魅力并不亚于眼睛。手势表现的含义非常丰富，表达的情感也非常微妙复杂。如：招手致意、挥手告别、拍手称赞、拱手致谢、举手赞同、摆手拒绝；手抚是爱、手指是怒、手搂是亲、手捧是敬、手遮是羞等。手势的含义，或是发出信息，或是表达情感。能够恰当地运用手势表情达意，会为交际形象增辉。

（一）握手礼仪

握手是交往过程中常使用的见面礼和告别礼，它包含感谢、慰问、祝贺和相互鼓励的意思。行握手礼时，通常距离受礼者约一步，两足立正，上身微向前倾，伸出右手，四指并齐，拇指张开与对方相握，微微晃动3~4次（时间以3秒为宜），然后松开手，恢复正常姿态。

握手时应注意的事项包括以下几点：

（1）男女之间，男方要等女方伸出手后才可握手，如女方不伸手，没有握手的意愿，男方可点头致意或鞠躬致意；如果男士是女士父辈的年龄，男士先伸手是适宜的。

（2）宾主之间，主人应先向客人伸手，以示热情、亲切。如接待来宾，不论男女，女主人都要主动伸手表示欢迎，男主人也可以先伸手对女宾表示欢迎。离别时，应由客人先伸手，表示再见，主人此时若先伸手就有催客人离开之意。

（3）当年龄与性别冲突时，一般仍以女士先伸手为主，同性别时年长的人先伸手，年轻的人应立即回握。

（4）有身份差别时，身份高的人先伸手，身份低的人应立即回握。

（5）长幼之间，年幼者要等年长者先伸出手；上级和下级之间，下级要等上级先伸出手；平辈相见先伸手者有礼。

（6）握手的力度。握手要紧，表示诚意和感激之情，但不要握痛对方的手，也不可抓住对方的手不放或使劲地摇动。

（7）速度与时间。伸手的快慢，说明自愿或勉强，握手的时间一般为3~5秒。对长者握手时要稍弯腰，对一般人握手时不必弯腰，但也不要腰板笔挺，昂首挺胸，给人留下无礼傲慢的印象。

（9）面部表情。握手时面部要露出真挚的笑容，以友善的目光看着对方，千万不能一面握手，一面斜视他处，东张西望或和他人说话。

（10）其他注意事项。如果正在工作时，对方主动伸出手，这时可以一面点头致意，一面摊开双手，表示歉意，取得对方谅解。如果正在工作的人，一时疏忽，伸出脏手与你相握，这时你要热情相握，而且切不可当着对方的面擦自己的手。

练一练

握手

第一步：两人一组，练习基本握手要领。主要练握手时站立的姿势，握手时两人之间的站立距离、握手时的眼神、握手的时间和力度等。

第二步：在掌握正确的握手姿态后，练习握手的时间。3~4人分为一组，自己设场景，如上级与下级、宾客与主人、地位相等者等。

（二）手臂礼仪

1. 横摆式

迎接旅客做"请进""请"时常用横摆式。其动作要领是，一手从腹前抬起向右横摆到身体的右前方。站成右丁字步，或双腿并拢，另一手自然下垂或放在前面。头部和上身微向伸出手的一侧倾斜，目视旅客，面带微笑，表现出对旅客的尊重、欢迎。

2. 直臂式

需要给旅客指引方向时或做"请往前走"手势时，采用直臂式。其动作要领是，将一手由前抬到基本与肩同高的位置，前臂伸直，用手指向旅客要去的方向。一般男士使用这个动作较多。注意指引方向，不可用一个手指指引，显得不礼貌。

3. 斜臂式（斜摆式、斜下式）

请旅客入座做"请坐"手势时，手势应摆向座位的地方。手要先从身体的一侧抬起，到高于腰部后，再向下摆去，使大小臂成一斜线。

其动作要领是，一只手由前抬起，从上向下摆动到距身体45°处，手臂向下形成斜线。

4. 曲臂式

当一只手拿东西，同时又要做出"请"或指示方向时采用曲臂式手势。

以右手为例，从身体的右侧前方，由下向上抬起，至上臂离开身体45°时，以肘关节为轴，手臂由体侧向体前的左侧摆动，距离身体20厘米处停住，掌心向上，手指尖指向左方，头部随旅客由右转向左方，面带微笑。

5. 双臂横摆式

接待较多旅客做"诸位请"或指示方向的手势时，采用双臂横摆式手势。表示"请"可以动作大一些。其动作要领是，双手由前抬起到腹部，再摆到身体的侧前方，这时面向旅客；指向前方向一侧的手臂应抬高一些，伸直一些，另一手稍低一些，曲一些。

若是站在旅客的侧面，则两手从体前抬起，同时向一侧摆动，两臂之间保持一定距离。运用手势时还要注意与眼神、步伐、礼节相配合，这样才能使旅客感觉到这是一种有感情投入的热诚服务。

（三）端拿、递接物品礼仪

传递物品时，手掌的位置与姿势要求适应场景需求，并且文明有效，双手为宜，用右手递于手中，主动上前（主动走近接物者，坐着时应站立），方便对方接拿。

1. 端拿物品时的注意事项

（1）服务时面带微笑，与旅客有适当的语言交流和眼神交流。

（2）端托盘时，双手端住托盘的后半部分，大拇指握紧托盘内沿，其余四指托住托盘底部。托盘的高度应在腰间以上胸部以下，托盘端平，微向里倾斜。托盘上放置的物品不应过高，以不超过胸部为宜。

（3）拿东西时，应轻拿轻放。拿水杯时，应该一手握住水杯把（无把手水杯应拿水杯的下1/3处），一手轻托水杯底部。

（4）递送东西时，应站在旅客的正面与之成45°角的地方，双手递送。递送东西应到位，当对方接稳后再松手。

2.递接物品时的注意事项

（1）双手为宜。双手递物于人最佳，不方便双手并用时，也要采用右手，以左手递物被视为失礼之举。

（2）递于手中。递给旅客物品时，以直接交到对方手中为好。假如自己坐着的话，还应尽量在递物时起身站立为好。

（3）主动上前。若双方相距过远，递物者应当主动走近接物者。

（4）方便接拿。在递物于人时，应当为服务对象留出便于接取物品的地方，不要让其感到接物时无从下手。

（5）正面面对对方。将带有文字的物品递交他人时，还须使之正面面对对方。

（6）尖、刃内向。将带尖、带刃或其他易伤人的物品递予服务对象时，切勿将尖、刃直接指向对方，合乎礼仪的做法是使其朝向自己，或是朝向他处。

（7）递接茶水。递茶水时，应左手托杯底，右手将茶杯把手的一面递给服务对象，若茶杯没有把手，可握在距杯口的1/3处，并说"请用茶"。若茶水较烫，应提醒旅客"请小心水温"等。在接茶水时，应起身或欠身，用双手去接并表达感谢，使用礼貌用语，如"谢谢""麻烦您了"。

（8）递接名片。在递名片时，应面带微笑，稍欠身，注视服务对象，双手递以示对对方的恭敬与尊重。名片应将正面朝向对方，并以让对方能正视名片内容为准递送，以方便对方观看，不可倒置。用双手的拇指和食指分别轻压名片上端的两角。递名片时要说"多指教""多联系"等。在接名片时，应起身迎接，用双手的拇指和食指压住名片下方两角。接过名片后，应以示关注，认真阅读。同时点头示意道谢，不应该漫不经心。应十分珍惜地放进上衣口袋、名片夹或皮包内，切不可在手里摆弄。

（9）递接钱币。所递物品较小，如硬币或纸币，无法双手相递时，必须用右手拿钱币，将钱币递给旅客。同时使用礼貌用语"请您拿好"等。接钱币时，应双手去接，应起身或欠身，并说符合当时情景的礼貌用语，如"谢谢"。

（10）递接文件。递文件时，必须将有字的一面朝上，并且字的方向以对方可以正视为准。接文件时，起身并双手接下，并将文件放在一个合适的位置上。

（四）引导手势礼仪

下方、上方、前方，虽然只有三个引导动作，但胳膊和手掌的伸展以及身体姿态的协调动作都很有讲究，指引与引导是手势礼仪中最常用的，掌握指引与引导手势礼仪是服务礼仪重要的基本功之一。

1. 指引礼仪

（1）指引的基本要领。

男士两脚成"V"字形站立，一只手背在体后腰间处，另一只以肩关节为轴，手臂从体侧或是前方抬起划向指示方向；女士则叉手站立，一只手从体前抽出划向指示方向，另一只手依然置放在体前腹部。肘关节自然弯曲，四指靠拢，拇指向内侧轻轻弯曲靠向食指，手掌斜45°。同时目光随指示方向自然转动，配合相应的礼貌用语和表情，待旅客离去后再将手收回。手势要清楚明了、动作优美、自然大方，忌机械僵硬。

在指引的过程中要用手掌，并且要求掌心向上，因为掌心向上的手势有诚恳尊重他人的含义。做指引手势时，铁路客运服务人员可以站在被指引物品或道路的旁边，右手手臂自然伸出，五指并拢，掌心向上，手掌和水平面呈45°角，指尖朝向要指引的方向，以肘部为轴，伸出手臂。

在指示道路方向时，手的高度大约齐腰；指示物品时，手的高度根据物品而定，小臂、手掌和物品呈直线就可以了。

（2）指引的种类。

①高位手势。当要示意的位置高于人的高度时，例如，示意旅客将行李放于高处的行李架时，采用此手势。小臂与大臂应成150°夹角，手掌的位置须略高于头部。

②中位手势。中位手势是最常用的指引手势。当指示方向在身体的左边时，伸出左手进行指引；当指示方向在身体的右边时，则伸出右手进行指引。同时面带微笑，加上"这边请""请进"等礼貌用语。

③低位手势。当要示意的位置低于人的下半身高度时，可采用此手势。例如，指引旅客入座时，以此姿势指向座位方向，面带微笑，加上"请坐"等礼貌用语。

2. 引导礼仪

铁路客运服务人员要将旅客带到目的地，需要运用引导手势。

（1）引导的基本要领。

①引导位置。铁路客运服务人员站在旅客的左侧前方，距离旅客0.5~1.5米，传达"以右为尊、以客为尊"的服务理念。

②引导手势。在引导时，四指并拢，大拇指靠向食指，由身体一侧自下而上抬起，以肩关节为轴，到腰的高度再由身前摆出，上身略微前倾以示尊重。

③引导表情。面带微笑，目光要兼顾到旅客和脚下路况。

④引导语言。引导语应该明确而规范。多用"您好""请"等敬语，以表达对旅客的尊重。在引路时，要注意保护旅客的安全，适当地做些介绍和善意提醒，如"请小心脚下台阶"等。

（2）引导方法。

①走廊引导法。铁路客运服务人员在通常情况下，应走在旅客左前侧方一两步之前，与旅客步调尽量保持一致。

②电梯引导法。引导旅客乘坐直升电梯时，客运服务人员应先进入电梯，等旅客进入后

关闭电梯门；到达时，客运服务人员应按住"开"键，让旅客先出电梯。若引导旅客使用手扶电梯时，应使用引导手势，提醒旅客安全有序地乘坐电梯。

③楼梯引导法。客运服务人员在引导旅客上楼时，应让旅客走在前面，客运服务人员走在后面；旅客下楼时，则应该由客运服务人员走在前面，旅客走在后面。上下楼时应注意旅客的安全，并提醒旅客"请注意脚下"等。

3. 指引与引导手势的禁忌

（1）忌单个食指指示方向。

（2）忌手势与语言表达的内容不一致。

（3）忌单手插口袋随意地指示方向。

（五）挥手道别礼仪

挥手道别，是与人互道再会时所用的常规手势。挥手时要注意以下5点：

（1）身体站直。尽量不要走动、乱跑，更不要摇晃身体，否则模样十分难看。

（2）目视对方。手势即便再标准，不看道别对象，便会被对方理解为"目中无人"，等于白做。

（3）手臂前伸。道别时，可用右手，也可双手并用。但要使手臂尽力向上、向前伸出，指尖一定要向上。手臂不要伸得太低，或过分弯曲。

（4）掌心朝外。做这种手势时，千万要保持掌心向外，否则是很不礼貌的。

（5）左右挥动。挥手道别时，要将手臂向左右两侧轻轻挥动，不过尽量不要上下摆动。双手道别时，则应将双手同时由外侧向内侧来回挥动。

（六）鼓掌礼仪

鼓掌、拍手，多表示高兴、赞成或欢迎。鼓掌，是一种手势，是一种象征，虽名为动作，却有深厚内涵。那是一种信念、力量、喝彩、鼓舞与奋起。鼓掌的动作要领：面带微笑，抬起左手手掌到胸部，以右手除拇指外的其他四指轻拍左手中部。节奏平稳、频率一致。

（七）手势的禁忌

（1）在铁路客运服务工作中，手势不宜过多，动作不宜过大，切忌"指手画脚"和"手舞足蹈"，要给人一种优雅、含蓄而彬彬有礼的感觉。

（2）在任何情况下都不要用大拇指指自己的鼻尖或用手指指点他人。

（3）一般认为，掌心向上的手势有诚恳、尊重他人的含义，掌心向下的手势意味着不够坦率，缺乏诚意等。因此，在介绍某人，为某人引路指示方向时，应该掌心向上，以肘关节为轴，上身稍向前倾，以示尊敬。

（4）有些手势不可以乱用。因为各地习俗迥异，相同的手势表达的意思不仅有所不同，而且有的大相径庭。

（5）平时工作中应避免不雅的行为举止。如手插口袋、当众搔头发、掏耳朵、抠鼻、剔牙、咬指甲、擦眼屎、搓泥垢等。

项目三 铁路旅客服务礼仪

任务实施

了解铁路旅客服务仪态礼仪，了解仪态礼仪在铁路旅客服务中的作用，进行站姿、坐姿、行姿、蹲姿、鞠躬、手势礼仪练习。

任务评价

任务评价表

项目任务	铁路旅客服务仪态礼仪			
班 级		姓名		评价时间
考核内容				
考核项目	考核标准		分值	得分
铁路旅客服务仪态礼仪	1. 铁路旅客服务仪态礼仪		20	
	2. 站姿、坐姿、行姿、蹲姿练习		40	
	3. 鞠躬、手势礼仪练习		40	
指导教师意见				
说明：建议采用四级评分制（如 90%~100%，80%~90%，60%~80%，<60%）				

任务三 铁路旅客车站服务礼仪

知识导读

暖心站台服务

2019年12月11日，G575次列车从昆山南站开出后，站台客运值班员顾乃勇及时清理站台，突然发现一名旅客在站台徘徊，立即上前询问，得知该旅客在下车时不小心将手机掉入站台，顾乃勇便从值班室取出拾物器，捡回掉入轨道内的手机，交还旅客。旅客感动地说道："谢谢，谢谢！"。客运服务人员为旅客服务如图3-5所示。

图3-5 客运服务人员为旅客服务

同步思考

（1）车站礼仪体现在哪些方面？
（2）你对铁路车站服务礼仪有哪些新的认识？

一、车站服务礼仪概述

铁路车站客运服务人员是指车站在售票窗口、候车室、进站通道、旅客站台等处为旅客提供服务，保障安全的工作人员，其主要工作职责是对车站旅客的购票、乘降、出站的安全所承担的责任。因此，车站服务礼仪对于提升服务质量、展示铁路形象、满足旅客需求具有重要意义。

（一）车站客运服务礼仪的基本要求

1. 女性客运服务人员着装

（1）基本要求。衣着合体、不得随意改变制服款式；制服应洗净，熨烫平整，无污渍、斑点、褶皱、脱线、缺扣、残破、毛边等现象；制服上不得佩戴任何饰物；着制服上班时，必须佩戴职务标志；在非工作时间，除集体活动外，不得穿制服出入公共场合和旅客列车。

（2）夏装着装要求。连体裤袜的颜色应统一为肉色或浅灰色，不得出现破洞和抽丝等现象；统一佩戴领花、简章或丝巾；制服上装每天都须水洗；不得将笔插放在衣兜内。

（3）春秋装、冬装着装要求。外套、上衣、裙子、裤子的纽扣和拉链等应扣好、拉紧；统一佩戴领花或丝巾，衬衣应束在裙子或裤子内，衬衣的衣袖不得卷起；着裤装时，必须干净、平整、有裤线，不可有光亮感；穿着风衣、大衣时，要扣好纽扣，系好腰带。

（4）穿着围裙要求。穿着围裙的时间为餐饮服务之前，脱围裙的时间为收完食品包装物后。乘务组穿、脱围裙的时间必须一致，保证围裙干净、平整，穿戴完毕后应相互整理，围裙结一律系成蝴蝶结状。

（5）佩戴职务标志要求。穿着制服时，客运服务人员应佩戴职务标志，职务标志应别在左胸前方，与上衣第二颗纽扣平行；佩戴臂章时，臂章上缘应当位于左袖肩下四指处；穿着围裙时，不可将职务标志佩戴在围裙上。

2. 男性客运服务人员着装

（1）基本要求。衣着合体，不得随意改变制服款式；制服应洗净，熨烫平整，无污渍、斑点、褶皱、脱线、缺扣、残破、毛边等现象；制服上不得佩戴任何饰物。穿着制服上班时，必须佩戴职务标志；袜子的颜色应统一为深蓝色或黑色，每天更换；在非工作时间，除集体活动外，不得穿制服出入公共场合和旅客列车上。

（2）夏装着装要求。统一佩戴领带，衣领上的扣环必须扣好，裤子必须干净、平整、有裤线，不可有光亮感；制服必须每天清洗。

（3）春秋装、冬装着装要求。外套、上衣、裤子的纽扣和拉链等应扣好、拉紧；统一佩戴领带，领上的扣环必须扣好，衬衣应束于裤内，衬衣的衣袖不得卷起；穿着风衣、大衣时，需扣好纽扣，系好腰带。

（4）佩戴职务标志要求。穿着制服时，客运服务人员应佩戴职务徽章，徽章应别在左胸上方，与上衣第二颗纽扣平行。

3. 车站服务用语

在铁路客运服务中，工作人员要用礼貌用语。服务语言要求使用普通话，服务语言表达规范、准确、口齿清晰。运用"请、您好、谢谢、对不起、再见"等文明用语。对旅客称呼得体，统一称呼时为"各位旅客"，个别称呼时为"同志""小朋友""先生""女士"等。

4. 注重服务态度

在服务态度上，车站客运服务人员要诚恳、热情、和蔼、耐心。微笑可以和有声的语言及行动相配合，起到"互补"作用，充分表达尊重、亲切、友善、快乐的情绪。微笑服务更是优质服务中不可缺少的内容。在铁路旅客服务过程中，微笑必须贯彻全程。与旅客交流时首先就应露出微笑，而且绝不会因为旅客的反应而被动地改变微笑的面孔。

5. 行为举止

在行为举止上，车站客运服务人员要表现得优雅，彬彬有礼，养成良好的行为习惯。服务过程中，目光要注视对方的眼睛，以示尊敬。与对方交谈时，不可东张西望。如果不得以需要打断旅客说话时，应等对方讲完一句话后，先说"对不起"，再说明。无意碰撞或影响了旅客，应表示歉意，取得对方谅解。为旅客发放物品时，应主动介绍名称，严格遵循发放原则（先左后右、先里后外、先宾后主、先女后男）。对旅客提出的合理要求，应尽量满足，不能做到时，应耐心解释。应允旅客的事情，一定要落实，要言而有信。不打听旅客的隐私等。

二、车站服务礼仪程序及标准

（一）班前准备工作

1. 客运值班员

（1）参加班前会，接受命令指示，了解列车运行情况及重点工作，做到命令清楚，当日工作全面掌握。

（2）按各岗位分工布置本班组的工作任务，提出具体要求，做到分工合理，任务明确。

（3）检查仪容仪表，组织班组列队上岗，做到着装整齐，精神饱满。

（4）组织对岗交接，检查服务区域人员上岗、保洁质量、服务设施、定置管理等情况。发现设备故障等情况，要及时报告，做到交接清楚、卫生达标、备品齐全。

2. 客运员

（1）参加点名会，接受命令指示，了解列车运行情况及重点工作，做到命令清楚、全面掌握情况。

（2）接受客运值班员布置的具体工作和要求，做到任务明确。

（3）整理仪容仪表，列队上岗，做到着装整齐、精神饱满。

（4）进行对岗交接，检查负责区域保洁质量、服务设施等情况，做到卫生达标、设备良好、备品定位。

（二）候车作业

1. 客运值班员

（1）定时在候车室巡视，掌握旅客候车动态及重点旅客信息，做到巡视认真、信息掌握准确，服务周到。

（2）检查客运员作业执行情况，指导客运员按标准作业，处理客运相关业务及旅客投诉，做到按章办理，及时处理。

（3）按规定时间（列车在折返站停留时间为20分钟：下客5分钟，保洁5分钟，具体检

项目三 铁路旅客服务礼仪

票时间由各站确定）组织客运员按时上岗，进行检票作业，做到准时上岗、不误剪、不漏剪。

2.客运员

（1）在候车室（区域）入口处引导旅客候车，做到态度亲切、有序引导。

（2）服务在旅客周围，掌握旅客候车动态，做好重点旅客细微服务。

（3）执行作业标准，解答旅客问询，受理旅客投诉：做到首问首次负责，耐心解答问询。对旅客做到"三要四心五主动"。三要：接待旅客要文明礼貌，纠正违章要态度和蔼，处理问题要实事求是；四心：接待旅客热心，解答问事耐心，接受意见虚心，工作认真细心；五主动：主动迎送旅客，主动扶老携幼，主动解决旅客困难，主动介绍旅客须知，主动征求旅客意见。

（4）按广播预告，及时上岗进行检票作业，提醒旅客列车停靠站台；按规定时间停止检票，做到上岗准时、检票认真、不漏剪、不误剪。

（5）妥善处理候车室（区域）内的突发情况，及时上报，做到沉着果断，措施得当。

（6）遇列车晚点时，做好宣传、解释工作，主动帮助旅客解决困难，稳定旅客情绪，做到耐心解释，妥善处理。

（三）站台作业

1.客运值班员

（1）组织客运员列队上岗，清理站台，检查上岗情况，做好乘降组织，解答旅客问询，做到分工明确，组织有序。

（2）与列车长办理重点旅客及客运业务交接，做到交接清楚，手续齐全。

（3）及时妥善处理突发情况，做到快速反应、密切配合。

（4）组织客运员列队撤岗，行动一致。

2.客运员

（1）列车停靠站台前5分钟列队上岗，清理站台，做好接车准备，做到按时上岗，站台无障碍物及闲杂人员。

（2）列车进站后，按分工在上车车门处立岗，面向旅客进站方向，查验车票，提示登车安全，协助重点旅客上车，劝告送客人员不要上车，组织旅客有序上车，做到分工明确，安全有序。

（3）开车铃响，组织站台上的人员退到安全线以内；列车启动后，防止随车奔跑，做到确保安全。

（4）听从客运值班员指挥，列队撤岗，行动一致。

（四）班后交接

1.客运值班员

（1）交班前，检查服务区域设备、卫生保洁质量、物品定位摆放等情况，核实重点旅客信息，及时审阅处理旅客留言簿，对设备故障等情况进行及时报告并办理交接。

（2）做到重点旅客信息翔实，重点事项交接清楚。

（3）召开总结会，填写值班日志。

2. 客运员

交班前，检查服务区域设备、卫生保洁质量、物品定位摆放等情况，以及重点旅客信息。

三、车站服务礼仪主要内容

车站候车厅是车站的门面和窗口，是旅客对车站服务产生深刻印象，做出评价的重要位置。宽敞明亮、整洁干净的候车大厅会使旅客心情愉悦，而良好规范的礼仪会让旅客产生赞赏的、信赖的心情，因此，候车大厅的服务礼仪非常重要。车站服务礼仪包括安全检查礼仪、问询引导礼仪、候车大厅服务礼仪、贵宾室服务礼仪、客运值班室服务礼仪、验票服务礼仪、站台服务礼仪、出站服务礼仪、售票服务礼仪。

（一）安全检查礼仪

（1）着装统一。穿着规定制服，帽徽和职务标志依照规定佩戴一致，服装干净，衣扣、领带、领结整齐，符合职业岗位要求。

（2）举止彬彬有礼。检查前，应主动说声"谢谢您的合作"，并主动伸手帮助旅客把包放到检测仪上或抬到桌子上。检查过后应向旅客表示感谢，如"给您添麻烦了！""祝您旅行愉快，再见！"并婉转地提示旅客加快速度，并提醒后一位旅客做好准备，避免出现拥挤忙乱的现象。与旅客面对面时，应做到声音温柔平和，态度和蔼亲切，并多使用"请""对不起""谢谢"等谦词；不能蛮横粗野，更不能大喊大叫。

（3）为旅客着想。安检时，如发现违禁品，应向旅客详细指出哪些物品属于违禁品，严禁带进站、带上车。最好不要当着其他旅客的面检查包内的违禁品，应把包拿到一旁。因为一旦查出来会让旅客感到难堪，触犯旅客的自尊，有时会引起旅客的逆反心理。

（4）学会使用"对不起"。由于你的工作给旅客带来了麻烦，尽管有些工作你是按照铁路规章进行的，也应主动道歉，并对旅客的配合表示谢意。

（二）问询引导礼仪

自然流畅、文雅规范、不卑不亢的引导礼仪，无疑会给客运服务工作增添无限的魅力。

1. 符合岗位规范

（1）上岗前，做好仪容仪表的自我检查，做到仪表整洁、仪容端庄，符合要求。

（2）工作中保持站立服务，站姿端正，精神饱满，面带微笑，思想集中。

2. 态度热情

（1）热情接待每一位中外宾客的问询，做到有问必答、用词准确、简洁明了。

（2）学会察言观色，善于利用肢体语言表达情感，以便更好地与服务对象交流。

（3）不得与旅客争辩，不得使用粗俗的言语和鲁莽的举止。

3. 正确引导

（1）使用正确的引导手势。正确的引导手势为手掌伸平，五指自然收拢，掌心向上，小臂稍向前伸，指向旅客要去的方向。切忌伸出一个手指头，指指点点。

（2）使用正确的用语，对方会有受人尊重的感觉。在当前的客运引导服务中，一方面应逐步推广使用先进的电子引导装置来自动完成客运服务过程，体现"无声服务"的氛围，营造温馨、安静的车站服务环境。另一方面，更应增强客运服务人员的自身素质，努力掌握礼仪规范，不断提高服务档次，提高综合服务水平，以体现引导礼仪的魅力。

（三）候车大厅服务礼仪

候车大厅人多嘈杂，旅客身份较复杂，文化层次相差大，客流量大，要做好文明服务礼仪，体现现代铁路客运服务的新面貌，候车大厅是关键而艰难的服务场所，需注意以下服务细节：

（1）着统一服装。做到仪表整洁、仪容端庄，符合要求。

（2）热情回答旅客的提问。在候车大厅遇到有人问询时，应停下脚步主动关切地问道："先生（女士），您有什么事需要我帮忙吗？"显示出你的诚恳和亲切。

（3）随时解决候车大厅中旅客遇到的困难。做到耐心细致。

（4）应始终服务在旅客的身边。不要等旅客来寻找帮助。

（四）贵宾室服务礼仪

如果说车站是铁路旅客服务的窗口，那么贵宾室就是窗口中的亮点。贵宾室不仅是迎接贵宾的场所，更是引导客运服务的方向和潮流，贵宾室服务质量的好坏，服务质量的高低，从一定程度上影响着铁路的整体形象。

因此，贵宾室的服务人员更要注意礼仪修养，提高服务技能，努力地展现铁路客运服务的风采和魅力。

1. 仪容仪表

贵宾室服务人员的服装有特殊要求，车站一般有统一的制服，靓丽而端庄，不要浓妆艳抹，要体现服务人员的自然美和高雅的气质。发型要梳理整齐，保持清洁。

2. 谈吐文雅，彬彬有礼

（1）热情地招呼"您好"或"您好，欢迎光临指导"。

（2）常用礼貌用语，多用"您""先生""女士"等，还应多用雅语，比如用"贵姓""洗手间"等，体现出个人的文化素质和品德修养。

（3）当为旅客服务或与旅客交谈时，吐字要清晰，音量要适度，以对方听清楚为准，切忌高声讲话和大喊大叫，特别是室内还有其他宾客时，大声说话是很不礼貌的表现。

（4）旅客在候车时，尽量减少对旅客不必要的打扰，如旅客不需要提供服务时，客运服务人员之间应做好交接工作，避免重复询问。

3. 服务符合规范

（1）接待贵宾时，保持精神饱满，面带微笑，思想集中，注意自己的形象，坐姿、站姿和行姿都要自然得体。

（2）为贵宾端送茶水要及时，并注意将茶水轻轻放在宾客座位旁的茶几上。

在展现服务魅力的背后，不仅要有优秀的心理素质、高尚的品德修养，还要有娴熟的服务技能。贵宾室服务展现的服务技能越多，就越能体现车站的服务水平，而这些服务技能往往来源于日常的积累与实践。

（五）客运值班室服务礼仪

车站的客运值班室，可以说是比较重要的服务岗位。它既是"问询处"，又是"消防队"，更是"指挥所"，客运值班室每天都有接待不完的旅客和处理不完的事务。在值班室，不但要解决旅客的投诉、接待重点旅客的来访、处理特殊旅客的困难，还要兼顾站车交接等一些工作，特别要做好"补救服务"。因此，值班室的工作人员应是素质高、经验丰富的客运工作骨干，必须有高度的责任心，时刻从车站和铁路的大局考虑，从为旅客服务的观点出发，尽量满足不同层次旅客的需求。如果发现异常情况，要立即向上级汇报。

1. 仪容仪表

着统一服装，做到仪表整洁，仪容端庄，符合要求。接待旅客时，保持精神饱满，面带微笑，思想集中，注意自己的形象，坐姿、站姿都要自然得体。

2. 问询与投诉

（1）对旅客的问询，要尽力给予全面、详细、准确的答复，使对方感到可信、放心和满意。对自己能答复的问题，绝不借口推托给其他部门解答。

（2）在接待旅客投诉时，首先要做到热情接待、耐心听取、冷静分析，即使对方怒气冲冲、情绪激动，甚至蛮不讲理，也不能受其影响而冲动。相反，要心平气和、善解人意、逐步引导，充分尊重投诉者的心情，尽力帮助旅客处理好事务。

3. 应急处理

在处理突发事件时，要沉着、冷静、果断，及时与有关方面通报信息，尽快求得指示和协助，在礼貌服务中体现出优质、高效。

（六）验票服务礼仪

验票是车站服务工作中的重要环节，这其中蕴含着服务艺术。验票时对旅客的尊重和礼貌，能反映出车站的文明水平。客运服务人员在验票服务岗位上，也应该注重自己的言行和举止，自觉树立良好的形象。验票服务礼仪规范如下：

（1）仪容仪表。着统一服装，做到仪表整洁，仪容端庄，符合要求。

（2）态度表情。验票中微笑着面对旅客，说话的语气平和、吐字清楚、态度和蔼。

（3）严格把关。如遇想上车补票而手上没票的旅客，要态度严肃、语气坚定地说："对不起，这位先生（女士），请问您的车票呢？"或者说："对不起，先生（女士），这趟车是对号入座,您必须凭票上车。"还可以说:"先生(女士),您能先补张车票后再进站吗?"

(4)诚恳致歉。如果因车站工作的失误给旅客造成麻烦,或者是旅客对车站某些工作不满意时,要从车站和全局的角度考虑问题,要主动向旅客道歉,并想方设法为旅客解决困难。验票秩序是反映车站文明程度的标准,尤其是在客流量大而列车停站时间短时,更能反映出车站的服务水准。

(七)站台服务礼仪

站台服务是车站的关键岗位之一,旅客在上车和等车时容易混乱,特别是客流量大时。同时,由于站台上车来人往,容易发生安全事故,因此,站台服务要将安全与礼仪相结合。

1. 仪容仪表

着统一服装,做到仪表整洁,仪容端庄,符合规范。

2. 引导指示

列车进站前,要维持好站台的秩序。按车厢的距离,安排好旅客排队等车。使用规范的手势引导旅客等候或者疏散,铁路客运服务人员在指示方向时应五指并拢,小臂带动大臂,根据指示距离的远近调整手臂的高度,身体随手的方向自然转动,目光与指示的方向一致;收回时,小臂向身体内侧略成弧线自然收回。

3. 接车位置

迎接列车时,车站客运服务人员要足踏白线,双目迎接列车的到来,从列车进入站台开始到列车停靠站台为止。

4. 立岗姿势

要求挺胸、收腹、两脚跟并拢,脚尖略分开,双手自然下垂,手指并拢贴于裤线上,脚跟靠拢,脚尖略向外张呈V形。行走、站立姿势要端正。在工作中不背手、不叉腰、不抱胸,手不要插在衣兜或裤兜里。

5. 规范用语

站台服务时与旅客交流要始终使用规范的服务用语,不急不躁、语气亲和、语调适度。例如,"请大家排好队,先下后上,请把车票准备好,危险品请不要带上车,谢谢!"

6. 列车离站

列车离开车站时,要足踏白线,目送列车开出站台为止。

(八)出站服务礼仪

出站口是车站服务的最后一个窗口,服务礼仪自然不容忽视。当旅客下车后,出站口的卫生环境,客运服务人员的精神面貌、仪容仪表,都会引起旅客的注意,都能给旅客带去不同的感受。

1. 仪容仪表

着统一服装,做到仪容整洁,符合要求。

2. 热情亲切

精神饱满地站在岗位上,微笑向旅客致意,给旅客亲切和热情的感受,让他们感到受人尊重。说话时口齿清晰、语气温和、用词文雅、音量适中、态度诚恳,给对方以体贴和信赖感。

3. 平和高效

如遇到漏票的现象,要态度平和地要求旅客到补票处补票。切不可与旅客争吵或讽刺挖苦旅客。当众使旅客出丑会使旅客难堪,激起他们的逆反情绪。如果遇到不理不睬、不配合的旅客,无论是什么原因,都不能计较,可略提高音量、态度和蔼地说:"先生(女士),请出示您的车票,如果您没来得及补票,可以办理补票手续。"只要据理说事、态度和蔼,旅客都会出示车票的。

(九)售票服务礼仪

售票窗口虽小,却是车站服务的前沿阵地。曾经有过统计,旅客对于售票窗口的评价90%在于售票员的态度上。计算机的应用,对售票窗口的服务提出了新的要求,售票员只有不断学习,提高自身技能,才能更好地为广大旅客提供服务。

虽然售票时,售票员与旅客只有几句简单的问答和几个简单的动作,但也要讲究售票艺术和礼仪规范。售票员服务礼仪规范如下:

(1)着规定的制服。制服要经常清洗、熨烫,保持清洁整齐,必须佩戴职务标志或工号牌,做到仪表整洁,仪容端庄。

(2)精力集中。工作时,精神饱满、思想集中,不与同事闲聊。

(3)主动热情。旅客购票时,要主动热情,态度和蔼,面带笑容。

(4)细心周到。售票时,做到准确无误。对旅客表达不清楚的地方,要仔细问清楚,以免出错。

(5)规范有序。业务熟练,工作有序,讲求效率。有些车站根据售票窗口的操作流程,可以形成"三言两语"的语言规范,即"讲好开头语,坚持标准语,用好结束语,做到服务开头有问候声,服务结束有道别声"。每个车站都可以从中总结规律和经验,让车票又快又好地到达旅客手中。

⚑ 任务实施

了解铁路旅客车站服务礼仪,了解车站服务礼仪规范,进行铁路旅客车站服务礼仪展示。

任务评价

任务评价表

项目任务	铁路旅客车站服务礼仪				
班 级		姓名		评价时间	
考核内容					
考核项目	考核标准			分值	得分
铁路旅客车站服务礼仪	1. 铁路旅客车站服务礼仪			20	
	2. 车站服务礼仪规范			20	
	3. 铁路旅客车站服务礼仪展示			60	
指导教师意见					
说明：建议采用四级评分制（如 90%~100%，80%~90%，60%~80%，<60%）					

任务四 铁路旅客客运服务礼仪

一、开车前准备

（1）在带有书报杂志架的列车上整齐插上各种报纸，在座位后边的网袋内整齐摆放杂志、服务指南和清洁袋。

（2）检查洗手液是否注满，喷头是否拧开。

（3）检查空调设备。

（4）将车厢内电源插座外盖扣好。

（5）旅客上车前对座椅进行清理，保持座椅、地面、台面整洁。

（6）如果车厢空气不够清新，在旅客上车前，乘务员可在座椅侧面帘子上喷洒少量香水，在车厢内喷洒少量空气清新剂，洗手间内除喷洒少量香水外，还可将固体香水取下直接对准通风口，起到有效祛除异味的作用。

（7）乘务员的物品尽量不要占用旅客的行李架。

（8）及时擦净行李架、壁板等处的污迹。

（9）清除车厢过道及无法固定的障碍物品。

（10）乘务员在车厢中相遇可背靠背侧身，让对方通过，与旅客相遇则应礼让旅客先过。

（11）遇到列车晚点，等待时要及时当面说明原因，表示歉意，并询问需求。

（12）列车上要备有全国地图册、列车主要停车站的交通图、中国高速列车时刻表及家居小用品、常用药品，另外可收集主要停车站不同档次宾馆的联系电话，随时准备为外出旅行的客人提供不时之需。

（13）动车上，在旅客上车前检查电视荧屏，旅客的座位、小桌板、脚踏板是否干净，枕头摆放是否整齐，徽标是否正对旅客。保证每个座位口袋里配备的杂志种类齐全，并确保摆放的顺序是一致的。提前为旅客准备好干净的棉被，放在服务间内，旅客需要时可以马上提供。

二、迎客服务礼仪

迎客前，整理好个人仪容仪表：

（1）主动问候旅客。老人、特殊旅客上车时，主动上前搀扶，协助提拿行李。儿童上车时弯腰问候，抚摸儿童头部或肩部表达对孩子的关爱。

（2）及时提醒旅客座位号的位置，要求旅客对号入座，同时向旅客介绍小桌板的使用方法。

（3）委婉提醒旅客找到座位后将过道让开，以便后面的旅客通过，但不得吆喝、推搡旅客，随时注意自身在疏通过道或协助旅客安放行李时是否堵住通道。

（4）提醒旅客将大件物品存放在大件行李架上，小件物品如水果、小推车区放不下的物品可放在前排座椅底下。

（5）及时整理旅客行李架，加快旅客行李放置速度。

（6）车厢客运服务人员需主动上前迎接旅客，并将其带到座位上，协助老弱病残及手提行李过多、过重的旅客安放行李。

（7）当发现旅客自带旅行茶杯时，主动询问旅客是否需要添加热水。

（8）当旅客正在食用自带的食品或药品时，可询问是否需要帮助。

（9）安全检查需从上至下，按照"行李架—衣帽钩—座椅靠背—小桌板—车厢通道"的顺序，不漏捡。

（10）仔细观察旅客，对神色慌张、感觉不舒服的旅客及时给予关心和帮助。

（11）吧台客运服务人员在吧台值守，时刻准备为旅客服务。

（12）正常鞠躬度数为30°，列车晚点致歉时为45°。

（13）主动为旅客安排行李，提醒旅客将脱下的衣服及时挂于衣帽钩上。使用姓氏尊称服务，列车员简单致欢迎词，做自我介绍，事先通报列车运行时间、预计到达时间及途经主要城市和风景名胜的预计时间，列车运行期间有任何需求，可随时按呼唤铃，并祝旅客旅行愉快。

三、座位安排

（1）尽量依据旅客需求，为座位不在一起的家人或朋友调换座位。

（2）在保障安全，不违反政策的前提下，适当为特殊旅客、身材高大旅客调整舒适的座位。

（3）列车开动前如旅客尚未就座，可上前再次提醒。

四、行李安排

（1）将特殊旅客的行李安排在他们可以看见或方便提取的位置。

（2）提醒旅客不要将容易滴洒的液体放在行李架上，密码箱不可以摆在一起放置。

（3）提醒旅客保管好笔记本电脑等贵重物品或易碎物品。

（4）在帮旅客摆放物品时，要先经旅客同意，摆放旅客行李需轻拿轻放。

（5）尽量不要替旅客保管行李，如特殊情况需要保管，应提醒旅客取出贵重、易碎物品，并让旅客亲自确认行李存放位置，提醒下车时不要忘记拿取。

（6）及时整理行李架，加快旅客行李放置速度。

（7）行李需放置在空座椅上时，应提醒旅客注意。洗手间内及车厢连接处禁止堆放行李。

（8）大件行李较多，行李架放置不下时，及时向列车长汇报，并说服、协助旅客将大件行李放到大件行李架上。

（9）避免将行李存放在离旅客座位过远的行李架上，尤其是老年旅客的行李，要尽量放置在其座位上方或前排座椅下，避免本人无法照看而造成不安。

（10）检查行李架时，应注意行李不得超过规定的尺寸，以免滑落。

（11）旅客排队上洗手间或旅客把报纸伸出过道阅读时，客运服务人员要委婉地要求旅客把过道让开，并及时向旅客道谢。

（12）委婉提醒大声喧哗的旅客，保持车厢安静。

（13）在车上供旅客使用的服务设施出现故障时，客运服务人员可以提前在出现故障的位置贴上一些有提示性的粘贴纸，并表示歉意。

（14）应及时问候常客，并表示感谢。

（15）耐心倾听旅客的各种抱怨，力所能及地满足他们的要求，避免有争议的话题。

（16）避免与旅客长谈。

（17）列车长在解决旅客的问题时应给予客运服务人员指导和帮助，了解由其他客运服务人员处理的旅客抱怨和问题，确保问题妥善解决。

（18）在不影响旅客休息或办公的情况下，可加强与旅客的沟通与交流，满足旅客的心理要求，让其对列车服务产生深刻印象。

五、送客

（1）主动搀扶老弱病残旅客下车，并与车站做好交接工作。

（2）提醒旅客携带好随身物品，与旅客告别。

（3）对行李较多的旅客应提供适当的帮助，当其堵住车厢通道时，主动上前帮助提拿行李，如旅客的小包肩带掉落，应帮忙扶好。

任务实施

了解铁路旅客客运服务礼仪，了解铁路旅客客运服务过程中的礼仪运用，进行铁路旅客客运服务礼仪展示。

任务评价

任务评价表

项目任务	铁路旅客客运服务礼仪			
班级		姓名		评价时间
考核内容				
考核项目	考核标准		分值	得分
铁路旅客客运服务礼仪	1. 铁路旅客客运服务礼仪		20	
	2. 铁路旅客客运服务过程中的礼仪运用		20	
	3. 铁路旅客客运服务礼仪展示		60	
指导教师意见				
说明：建议采用四级评分制（如 90%~100%，80%~90%，60%~80%，<60%）				

项目三 铁路旅客服务礼仪

任务五　铁路旅客餐饮服务礼仪

铁路餐车服务人员的仪表与举止不仅体现了整个列车客运服务人员的基本素质，而且影响旅客的就餐效果。餐饮服务是铁路餐饮服务人员为就餐旅客提供餐饮产品的一系列行为的总和。高质量、高水准的服务是和谐客我关系的集中体现。

一、托盘的使用

在旅客餐饮服务中，为了卫生和方便，在托运用餐所需各种物品时，需要用到一个重要的工具——托盘。因此正确使用托盘，不但可以提高工作效率，还能美化服务姿态，为旅客营造良好的用餐环境。

在餐车服务工作过程中，从餐前摆台，餐中提供菜单、酒水和为旅客更换餐具、递送账单等一系列服务，到餐后的收台整理，都要使用托盘。

最常见、最实用的端托盘方法是轻托（胸前托）的方法。托盘在使用过程中涉及以下几个方面：

1. 理盘

在理盘前要用医用酒精将托盘及手消毒后再去托。将要用的托盘洗净后，用布擦干，放上洁净的花垫或布垫，布垫的大小和托盘相适应，外露部分均匀。这样既美观又整洁，还可防止托盘内的东西滑动而发生意外。

2. 装盘

根据物品的形状、重量、体积和使用的先后次序合理装盘。重物合理装配，轻托的物品装盘除碟、碗外，一般要求平摆，并根据所用的托盘形状码放。用圆托盘时，码放物品应呈圆形，用方托盘时横竖成行，但两者的重心应在托盘的中心部分，摆匀放均，保持重心。先用的在上、在前，后用的在下、在后，等等。

3. 端托盘

端托盘用左手，托盘放在左手掌上为旅客服务。方法是左手向上弯曲，肘与腰部距离15厘米，大臂垂直，掌心向上，五指分开，用手指和掌托住盘底，手掌呈凹形，使之平托于胸前，掌心不与盘底接触，托起前，左脚朝前，左手与左肘呈同一平面。用右手紧紧把盘拉到左手和左肘上，再用右手调整好盘内的物件。确保托盘平衡，使之平托于胸前。

4. 行走

头正臂平、上身挺直、注视前方、脚步轻缓、动作敏捷、步伐稳健、视线开阔。托盘时手腕转动轻松灵活，使托盘随走动的步伐自然摆动。切记不可出现僵硬和托盘摆动幅度太大而不美观、不高雅的动作。行走分为4种：

（1）常步行走。步履均匀而平缓，端托一般物品时使用常步。

（2）快步（疾行步）行走。步履稳、快而动作协调。

（3）碎步（小快步）行走。步距小而快地中速行走。

（4）垫步（辅助步）行走。侧身过时右脚侧一步，左脚跟一步。端送物品到餐车前欲将所端物品放于餐台上时，应采用垫步。

5. 卸盘

物品送到餐车时，服务人员需要小心地把托盘放在一个选择好的位置上。首先双手将盘端至桌前，然后放稳，再取物品，物品从盘两边交替拿下。

二、斟倒饮料

1. 斟倒前的准备

斟倒前，用干净的巾布将饮料包装外围擦净。如需冰镇，则先从冰桶里取出，用巾布擦拭干净，然后进行包垫。其方法是，用一块 50 厘米 × 50 厘米的餐巾折叠六折成条状，将冰过的饮料瓶底部放在条状巾布的中间，将对等的两侧巾布折上，手应握住饮料瓶的包布，注意将饮料瓶上的商标全部暴露在外，以便让旅客确认。

2. 斟倒时的持瓶姿势

右手叉开拇指，并拢四指，掌心贴于瓶身中部，酒瓶商标冲向外侧，四指用力均匀，使瓶稳握在手中。采用这种持瓶姿势，可避免其晃动，防止手颤。

3. 斟倒时的用力技巧

右侧大臂与身体呈90°角，小臂弯曲呈45°角，双臂以肩为轴，小臂用力运用手腕的转动将饮品斟至杯中。腕力用得活，斟倒时，握瓶及倾倒角度的控制就感到自如；腕力用得巧，饮料流出的量就准确。

4. 斟倒时的站姿

斟倒服务开始时，客运服务人员应先呈直立式持瓶站立，左手下垂，右手持瓶，小臂呈45°角。向杯中斟倒时，上身略向前倾。当斟满时，右手利用腕部的旋转将饮料瓶按逆时针方向转向自己身体一侧，同时左手迅速、自然地用餐巾盖住瓶口，以免瓶口溜酒。斟完身体恢复直立状。向杯中斟倒时切忌弯腰、探头或直立。

5. 斟倒量

不同饮品或酒品的斟倒标准不同，餐车客运服务人员应按照饮品的特点，准确地将饮料酒水斟入杯中。一般无酒精类饮料的斟倒量为容器的八分满，含酒精类饮料的斟倒量如下：

（1）白酒。斟入杯中应为八分满。中国有的地方以"酒满情深"为标准，斟酒以满为敬。因此，酒桌上的白酒一般以斟满为敬。

（2）啤酒。给每位旅客斟倒第一杯啤酒时，应使酒液顺杯壁滑入杯中，八成酒液，二成泡沫。八分满时，旅客饮用方便，酒液不易溢出，饮用又不至于太少，也比较吉利和美观，同时表示对旅客的尊重。

（3）西式烈性酒。红葡萄酒为五分满，白葡萄酒为六分满，白兰地酒斟入杯中为一个斟倒量（即将酒杯斟入酒后横放时，杯中酒液与杯口齐平）。

（4）香槟。有气泡的酒水斟倒分两次进行，先斟至杯的 1/3，待泡沫平息后，再斟至杯的 2/3。斟倒各种饮料时，无论是中餐还是西餐，其斟倒标准均以八分满为宜。

（5）饮料。八分满为宜。

三、送餐

1. 正确使用服务敬语

为旅客提供饮食产品时，应使用服务用语提示旅客餐到了，需要配合交接，如"您好！先生，你的配餐请放好！"

2. 注意安全问题

送餐时动作要稳健轻巧，保持节奏，不要将菜汁或汤汁洒在旅客身上或车厢地上。如果旅客点的餐饮食品较多，协助旅客整理折叠台面，要先将台面整理一下，征询旅客意见后放置在合适的位置。送餐时，避免将餐饮食品从旅客头顶越过，要向旅客打招呼，使用服务敬语"对不起，打扰一下"等，然后从旅客的间隙送上。

3. 注意送餐的节奏

如果某类餐品不能及时提供，需要一定的准备时间，应及时告诉旅客，如旅客有特殊要求要尽量满足。车厢送餐服务如因数量不够无法即时提供时，可根据现实条件接受旅客点餐，要事先将在一般情况下上菜所需的时间记录好，如果遇到某个菜超过要求的时间迟迟没有上来，客运服务人员要进行催促。上汤的时间则由客运服务人员根据旅客的进餐情况灵活掌握，为了保证旅客能喝上热汤，一般在用餐接近尾声时，及时通知传菜服务员去取汤。上主食的时间，由客运服务人员在旅客点菜时征询意见，然后根据旅客的要求准时服务，请旅客随时招唤。

四、点餐

铁路客运服务人员要耐心等待接受点餐，不要催促旅客，既让旅客有充分的时间考虑决定，又同时介绍建议，尽量缩短点餐时间，提高工作效率。客运服务人员应对旅客有可能问及的菜单上的问题做好准备。对每一类配餐、饮品的特点要能予以准确地答复和描述。当旅客犹豫不决时，客运服务人员应为其做好参谋，热情推荐，但要讲究说话的方式和语气，察言观色，考虑旅客的心理反映，不要勉强或硬性推荐，以免引起旅客的反感。

五、结账

旅客在餐车席位点餐或用餐完毕，服务人员应及时准确地向旅客说明付款金额，不可大声招呼。当旅客付款后，要表示感谢。旅客起身离座时，同时提醒其是否遗忘随身物品。旅客离开后迅速整理餐台卫生，整理复位。如果是在车厢内使用餐车服务，则应当面交接好钱款，唱收唱付，对旅客表示感谢。

铁路旅客服务礼仪

任务实施

　　了解铁路旅客餐饮服务礼仪，了解铁路客运服务过程中的餐饮服务礼仪运用，进行铁路旅客餐饮服务礼仪展示。

任务评价

任务评价表

项目任务	铁路旅客餐饮服务礼仪			
班　级		姓名		评价时间	
考核内容				
考核项目	考核标准		分值	得分
铁路旅客餐饮服务礼仪	1. 铁路旅客餐饮服务礼仪		20	
	2. 铁路客运服务过程中的餐饮服务礼仪运用		20	
	3. 铁路旅客餐饮服务礼仪展示		60	
指导教师意见				
说明：建议采用四级评分制（如 90%~100%，80%~90%，60%~80%，<60%）				

实践训练

　　岗位礼仪展示——铁路客运服务礼仪操训练
　　一、实训目标
　　（1）提升学生对铁路客运服务礼仪的理解。
　　（2）提高学生对服务礼仪内容的运用能力。
　　二、实训内容
　　以小组为单位进行礼仪操展示。
　　三、实训考核
　　根据各团队礼仪操汇报表现，进行评分。

项目四

铁路旅客服务礼仪拓展

服务礼仪是一门实践艺术，学好服务礼仪可以从与自己生活密切相关的环节开始，这样可以收到事半功倍的效果。

学习目标

1. 了解不同礼仪的运用方法
2. 丰富礼仪服务技能
3. 提升铁路客运服务人员素质

知识树

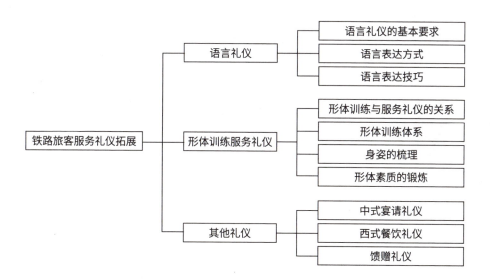

任务一　语言礼仪

知识导读

"雪国列车"开启美好服务旅程

2019年11月29日20时23分沈阳局集团公司2019年首趟定制化"雪国列车"满载旅客启程，从沈阳北站驶出，一路驰骋驶向"雪国之乡"山河屯站，"雪国列车"车厢展示如图4-1所示。为更好地满足旅客出行需求，中国铁路沈阳局集团有限公司按照"坚持旅客需求导向、遵循规律细分市场、聚焦旅客出行体验"的发展理念，全面推出沈阳铁路客运服务十项便民利民新政策、新产品、新服务，努力为广大旅客提供更加美好的乘车出行体验。集团紧紧抓住东北冬季冰雪旅游资源优势，不断丰富旅游产品供给，提早设计了踏雪、滑冰、泡温泉、品民俗等冬季旅游产品，打造冬季经典旅游线路，让游客尽享多姿多彩的冬季旅游体验，全面满足市场个性化需求，提供了多样的旅行体验。

与以往旅游路线相比，"雪国列车"采用了夕发朝至的开行时间，省去了中转哈尔滨约6个小时行程，大大缩短了旅途时间，提升了游玩质量。游客在双休日就可畅游"雪乡"，周五晚上出发，次周周一清晨返回沈阳，使上班族休闲工作两不误，深受游客欢迎。同时，"雪国列车"中的多功能车厢备有点歌机、儿童娱乐等设备设施，为游客提供周到、便捷的特色服务。游玩期间，旅客可以享受全程往返固定卧铺，晚上在车上住宿、白天在景点游玩，旅客不用随身携带大件行李，游玩过程更加舒适畅快。

图4-1 "雪国列车"车厢

同步思考

（1）试想一下，"雪国列车"中会有哪些与之匹配的服务？
（2）哪些服务礼仪知识会让"雪国列车"中的服务更完善？

语言礼仪是服务礼仪的重要组成部分，掌握语言礼仪规范对于改善和提高服务质量具有重要意义。古人云："好话一句三冬暖，恶言半语六月寒。"铁路客运服务人员的语言礼仪规范要求铁路客运服务人员准确地运用文明有礼、高雅清晰、称谓恰当、标准柔和的语言，从而表现出良好的文化修养和职业素质。

一、语言礼仪的基本要求

1. 态度诚恳亲切，措辞谦逊文雅

尊重是礼仪的本质特征。在交谈中，坚持以礼貌、尊重、真诚、友善为基础，态度亲切、诚恳、推心置腹，能缩短彼此之间的心理距离，有利于营造互相信赖的良好交流氛围。措辞要谦逊文雅，对他人多用敬语，对自己则应用谦语，即外敬内谦。只有由衷地、真诚地对人尊重，才能在语气上表现出恭敬之情。

2. 遣词用句准确得体

俗话说："会说的说得人笑，不会说的说得人跳。"同样的意思，不同的表达方式，产生的效果是不一样的。善于表达的人，能够把自己的意思、情感恰如其分地表达出来，效果往往事半功倍；不善于表达的人，话一出口就有可能引来许多不必要的麻烦，想办的事情也无法办好。遣词用句准确得体要注意以下三点：一是杜绝不当省略，二是避免词不达意，三是注意语言的逻辑结构。

3. 称呼问候礼貌适宜

称呼是彼此之间的关系定位。人际关系，礼貌在先；与人交谈，称呼在先。尊敬、亲切、文雅的称呼可缩短彼此之间的距离。招呼对方要遵循先上级后下级、先长辈后晚辈、先女士后男士、先疏后亲的顺序。

4. 吐字发音清晰正确

在日常语言沟通中，吐字要清晰，发音要准确。只有发准每一个字、词的读音，交际活动才能正常进行下去，否则就会造成歧义和误解，影响表达效果。

5. 语气语调亲切自然

（1）音色优美。声音应甜润动听或浑厚磁性，让旅客产生美感。

（2）音量适度。说话声音不宜过高，音量大到让人听清楚即可。

（3）音调柔和。明朗、低沉、愉快的音调最吸引人。语调应抑扬顿挫、亲切热情，既不能嗲声嗲气、矫揉造作，又不能生硬机械。

（4）语速适中。说话时要依据实际情况的需要调整快慢，说话速度不要过快，尽可能地娓娓道来，给旅客留下稳健的印象，也给自己留下思考的余地。

6. 体态语要谦和自然

体态语就是一种通过身体姿态、神情举止来达到交流目的的一种沟通方法。体态语是声音语言的辅助表达工具，能够帮助我们更好地传递情感信息。恰当地运用体态语，可以准确地表达自己的意思，如谦虚善意的体态语让旅客感受到尊重，和蔼可亲的体态语让旅客感受到亲切。

二、语言表达方式

在为旅客服务的过程中，语言表达方式要恰当，过于生硬的语言会引起旅客的反感或者逆反情绪。

1. 征求式

征求式语气是在铁路客运服务工作中最常用到的，如"请您不要在车厢内吸烟好吗""我能帮您把行李安置到行李架上吗"等。在向旅客提出要求时，客运服务人员用征求意见的口气去询问，语气温柔和蔼，会让旅客感到自己得到了应有的尊重，自然也就会配合客运服务人员的工作。

征求式的语气常用于需要旅客配合工作的情况。询问时，客运服务人员要灵活机动，如果询问效果不好，应当更换交谈方式，不要生搬硬套地只用一种交谈方式，以免造成与旅客的关系僵化，不利于事情的解决。

2. 商讨式

商讨式语气是铁路客运服务人员在进行协调时经常用到的一种交谈方式，如"如果您方便的话，能不能与后排的一位旅客换一下座位？"用商量的语气与旅客交谈，让旅客得到充分的尊重，使其能配合或协助完成一项工作。

在使用商讨式交谈时，一定要注意意思的表达，不要让旅客理解为"他重要，我就不重要"，应先肯定商讨的对象，然后提出需要商讨的问题，要让旅客在受到尊重的同时觉得自己也做了助人为乐的好事。

3. 委婉式

铁路客运服务人员在服务过程中，常会遇见一些不宜直接阻止的问题。对于此类问题，可以用委婉式语气与旅客交谈，如"请您原谅，安全锤是在紧急的情况下才可使用的，请您不要随意玩耍。"对于无理取闹的旅客，客运服务人员需要有耐心，用委婉的语气劝导。

4. 恳求式

恳求式语气一般用于铁路客运服务人员处于弱势时，通过恳求的语言"以情动人"，松懈对方的情绪，是一种心理战术。

三、语言表达技巧

语言表达需要技巧，铁路客运服务人员在为旅客提供服务时，更应注意交谈时的语句表达，要给旅客一种诚恳、亲切、自然的感觉。

（一）询问的技巧

询问在铁路客运服务人员的服务工作中是十分重要的，它起着解释引导、提示和打破僵局的作用。客运服务人员向旅客提问时要把握好尺度，掌握提问的技巧。

1. 直接型询问

直接型询问方式是指铁路客运服务人员可以直接向旅客提出疑问，请求旅客给予解答。

项目四 铁路旅客服务礼仪拓展

这种提问方式简单明了，节省时间，能方便快捷地得到答案。

2. 诱导型询问

在不想被旅客发现询问意图时，铁路客运服务人员可以用牵引思路的方式一步一步询问，辗转迂回，将旅客的思路引导至自己预定的方向上来，从侧面得到自己想要的信息。

3. 选择型询问

选择型询问即铁路客运服务人员向旅客提出问题时，将预计的答案一并提出供其选择。在大多数时候，选择型询问是用于征求对方的意见。

4. 提示型询问

在不便直接向旅客提出建议或要求的情况下，铁路客运服务人员可以采用提示型询问的方式去暗示旅客。提示型询问是一种比较委婉的交流方式，可以让旅客避免尴尬，比较轻松地达到解决某些问题的目的。

（二）回答的技巧

铁路客运服务人员在回答问题时，应当诚恳、及时，让旅客感觉受到重视，得到尊重。询问时需要技巧，回答时也需要技巧。并不是旅客询问什么，客运服务人员就必须回答什么，先思而后答，机智、灵巧、礼貌才是真正的妙答。

1. 直接式回答

直接式回答是最常用、最普通的一种回答方式。这种方式简单、直接，用于旅客合理的简单询问。

2. 设定前提式回答

在回答旅客提问时，铁路客运服务人员不便将答案直接说出口或者不便回答时，采用设定一个前提条件，或者假设一种环境的方法。

3. 巧借前提式回答

如果旅客提出让人尴尬或难以回答的问题，铁路客运服务人员可以借用旅客的话语，借题发挥，用自己组织的语言将尴尬的场面或困境补救过来。

4. 答非所问式回答

答非所问实际上是一种回避术。在铁路旅客运输服务的过程中，铁路客运服务人员常会遇到旅客询问一些不便回答的问题，这时可以采用答非所问式的回避术，避开话题，远离尴尬。

例如，旅客问："你今年多大了？"客运服务人员答："我已经参加工作好几年了。"

5. 否定前提式回答

有时旅客提出的问题或阐述的观点，铁路客运服务人员需要否定，但又不能正面否定，这时可以用否定前提式的方法给予回答。

例如，旅客问："有轨电车中途可以停吗？"客运服务人员回答："对不起，先生，中途不能随意停靠,您只能在交通部门规定的停靠点下车。"

6. 无效式回答

无效式回答也是一种回避术,等于什么都没有说。在问题不能回答或没有必要跟随旅客的话题时,可采用无效式回答来打消旅客的继续发问。

7. 将错就错式回答

有时旅客在交谈中,无意间说错话,造成尴尬的场面,客运服务人员可以将错就错,对话题进行弥补,以促其自省,也给旅客找个台阶下。

(三) 拒绝的技巧

铁路客运服务人员在为旅客服务时,旅客提出的要求有合理的也有不合理的。对不合理的要求,客运服务人员要注意拒绝的语言技巧,拒绝对方应少用"不"字,采取一些委婉的拒绝方式,但也要注意对旅客的尊重和礼貌。客运服务人员的拒绝技巧主要有以下几种:

1. 引导对方自我否定式

引导对方自我否定,是根据旅客提出的问题,用类似的问题引导对方,并用旅客的回答给予答复。

例如,旅客问:"你们公司每年能赚多少钱啊?"客运服务人员回答:"您知道您公司每年能赚多少钱吗?"旅客答:"不清楚。"客运服务人员答:"抱歉,我也一样不清楚。"

2. 推脱拖延式

推托拖延式拒绝是通过将激化点转移,对事情处理或执行时间进行推延,以达到拒绝的目的。

3. 先同意后拒绝

先同意旅客的要求,而后设计一个补充的条件,从而达到拒绝的目的。

4. 避实就虚

避实就虚是一种岔开话题的方法,将回答的重点放在非问题重心的地方,既让回答模棱两可,又无懈可击,从而达到拒绝的目的。

例如,旅客问:"你的服务态度真好,可以请你吃饭吗?"客运服务人员答:"谢谢您的夸奖,这是我们应该做的,很荣幸能为您服务,希望下次还有为您服务的机会!"

(四) 优化否定与命令式语言

在服务过程中,被人否定或者命令,自然会产生反感与逆反心理。因此,无论是在服务工作中还是在家庭生活中,优化否定与命令式语言都是非常重要的。

1. 转变意识是优化语言的基础

语言习惯来自人的思想意识。当我们将自己置于和对方平等的位置时,我们的语言一定是平等的、商量式的、肯定式的。当我们期待自己的语言给他人带来愉快的心情时,我们的语言会变得温馨和美好。

（1）平等对待旅客。

与旅客交往时，既不要忘了自己的身份，也不得过分强调自己的身份。切忌对旅客冷言冷语、漠不关心、缺乏耐心，应做到待人真诚、热情服务、不厌其烦。

（2）关注旅客的情绪体验。

热情的语言能给旅客带来满足和快乐的情绪体验，指令式、否定式的语言会给旅客带来不愉快或气愤的情绪体验。

2. 优化否定式语言

旅客在办理业务时如果出现错误，许多铁路客运服务人员会直接告诉旅客"不在这个窗口办理，你走错了"这样的话语。除此之外，"我不知道""我不清楚"这样的话语也常被用到，但这都是旅客最不爱听到的话语。

其实，我们可以尝试将这些否定式语言转化为肯定式语言。例如，将"你拿错证件了"转化为"请出示你的身份证"，将"你签字的位置是错误的"转化为"请在右下角签字"。因此，优化否定式语言的窍门就是不需要指出旅客出错的地方，而是直接将正确的做法告诉旅客。

3. 优化命令式语言

当你在车站听到"排队买票的旅客，站整齐点"这样的话语时，你会产生什么想法呢？你可能会想："我们又不是小学生，管那么多，真烦！"你还可能会想："什么意思？难道我们排队买票还要站军姿吗？"你甚至会想："不赶紧加快售票速度，管我们的站姿，真奇怪。"

在这些思想的支配下，旅客往往会下意识地出现过激的语言和行为。其实，这时可以换一种语言来表达，比如说："现在排队买票的旅客较多，非常抱歉让大家久等了。为了加快进度，请大家遵守秩序，谢谢您的配合。"命令式语言在附加了致歉式语言后，会给他人带来比较愉快的心情。这种愉快心情的营造降低了命令式语言带来的对抗性。

再如，我们可以将"你就在这里等着！"转化成"麻烦您在这里稍等片刻，好吗？"这样的语句将命令式语言转化成商量式语言会给对方带来比较温馨的情绪体验，使对方乐于接受我们的建议。

⚑ 任务实施

了解语言礼仪的基本要求，了解语言的表达方式，学习语言礼仪技巧。

任务评价

任务评价表

项目任务	语言礼仪			
班　级		姓名	评价时间	
考核内容				
考核项目	考核标准		分值	得分
语言礼仪	1. 语言礼仪的基本要求		20	
	2. 语言的表达方式		40	
	3. 语言礼仪技巧		40	
指导教师意见				
说明：建议采用四级评分制（如90%~100%，80%~90%，60%~80%，<60%）				

任务二　形体训练与服务礼仪

📖 知识导读

"高姐"培训亮新姿

昌赣高铁于 2019 年 12 月 16 日开通，乘坐此列高铁从南昌至赣州仅需 2 小时。2019 年 11 月 26 日南铁南昌客运段对担当此次新线开行动车组乘务工作的列车乘务人员进行严格、精细的选拔和培训，从铁路业务知识、设备设施使用、作业标准、服务礼仪、应急处置演练和跟车实习等方面进行专业培训。

❓ 同步思考

形体训练和服务礼仪的关系是怎样的？

俗话说："台上一分钟，台下十年功。"历次国家大阅兵能保持如此整齐划一、气势恢宏、振奋人心，都归功于参加阅兵的官兵们的艰苦训练。为了训练身体的平稳性，士兵们把帽子挂在鼻子上，不可以掉下来；为了训练士兵们在汗流浃背时也纹丝不动，就用喷壶喷水，相当于"人工造汗"；为了训练士兵们手轻贴裤缝，实现力道不轻不重，就在裤子与手之间放置一张扑克牌，保持扑克牌不掉落。同时，为了让士兵们清楚地知道自己的训练情况，部队还拍摄了所有的训练场景，让每个士兵仔细研究，自己找不足并弥补。可见，要达到标准的规范，训练是必不可少的。作为铁路旅客运输服务行业，客运服务人员同样需要通过训练来规范服务礼仪。

一、形体训练与服务礼仪的关系

形体训练是提高身体素质和培养良好仪态的重要手段。高强度的服务工作要求客运服务人员具备良好的身体素质。形体训练能够提高铁路客运服务人员的体能，增强身体各个部分的协调运作能力，减轻长时间工作带来的身心疲惫，避免各种可能的身体损伤，使客运服务人员始终保持充沛的体力和良好的精神风貌，从而更好地为旅客服务。

良好的身体状况是拥有良好心情的前提条件，很难想象一个人在身体不适或极度疲劳的情况下还能拥有愉悦的心情。研究表明，一个人的心理状态与其身体素质密切相关，在通过形体训练提高身体素质的同时也能改善其心理状态。因此，适当的形体训练能够使人体耐受恶劣环境和抗疲劳的能力大幅增强，从而为良好的心情提供保障。

良好仪态的养成，需要有一个不断强化，不断规范并辅以严格训练的过程。不断强化主要是指在日常工作和生活中应经常、反复地加以强调，使铁路客运服务人员从思想上高度重视个人仪态在工作中的重要性。

形体训练包括许多内容，如站姿、坐姿、行姿等，只有经过系统的、长期的、有针对性的训练，才能全面塑造客运服务人员良好的仪态。例如，站姿训练看似简单，实际上非常辛苦，每次必须保持一定的时间才能收到一定的效果。刚开始训练时需要有一段适应期，两次训练的间隔时间可稍短些，当有了一定的基础后，两次训练的间隔时间可逐渐延长。经过长期规范而系统的训练，规范的站姿便成了一种习惯，而习惯一经形成，身体的姿态美就可以展示出来了。

二、形体训练体系

形体训练是一套完整、系统的锻炼体系，其内容根据练习部位和作用的不同，可以分为以下几个方面：

（一）感知觉练习

正确的感知觉是形成和保持优美形体的必要条件之一，包括头颈、躯干、下肢感知觉和站立基本姿态。感知觉练习可以使受训者体会保持正确身体姿态的肌肉感觉，提高身体的自控能力，因此它是形体训练中不可缺少的内容。

（二）形态练习

形态是指先天形态和后天塑造的最基本的身体姿态。形态练习的内容包括基本方向和基本部位练习、扶把姿态练习、离把徒手姿态练习、表现力练习。基本方向和基本部位练习对方向、脚与手的基本位置提出了规范性的要求；扶把姿态练习的内容是根据普通大学生的身体条件编排的；离把徒手姿态练习包括各种基本步法和手臂动作，强调了举手投足的优美性，内容丰富；表现力练习着重培养受训者的优美体态和以肢体动作及面部表情表现情绪的能力，它是形体训练中最主要的内容。

（三）素质练习

素质是控制和保持形体姿态的必要条件。素质练习的重点包括柔韧性、力量、协调性三项。

三、身姿的梳理

形体训练多为精力性训练和控制能力的训练。形体基本素质概括为力量、柔韧性、控制能力、协调性、灵活性与耐力，其中最重要的是力量与柔韧性，力量与柔韧性直接影响着形体的控制力与表现力。所以，每次形体训练之前做的身体准备活动与结束后的身体放松活动都是必不可少的，它们被统称为身姿的梳理。

在训练之前，一定要让身体的各个部位活动开，以免拉伤肌肉；在训练之后，放松可以提高训练质量，保证训练计划的实施。需要注意的是，无论是身姿梳理还是形体练习，都要控制在自己的承受能力范围内，根据自己的实际情况循序渐进地加强，切不可操之过急。

（一）身姿梳理的基础

形体训练中的所有动作都有一个基本要求：始终保持昂首、挺胸、展肩、立腰、收腹、提臀与收紧肌肉。

（二）身体准备活动

1. 热身运动的作用

热身运动的目的是使练习者从生理上和心理上做好充分准备，使肌肉从平静的抑制状态逐渐过渡到活动的兴奋状态，使心脏功能逐渐加强，使血液循环和气体交换得到改善，新陈代谢旺盛，从而更好地适应锻炼时的生理要求。同时，肌肉、韧带、关节得到活动，整个肌体从安静状态逐步进入工作状态，为将要进行的较为剧烈的身体活动做好各种准备，从而提高肌体的工作效率，预防运动创伤，达到预期练习效果。

形体训练前的热身运动时间一般在10分钟左右，也可根据具体情况进行调整。例如，当气温较低时，血液循环比较缓慢，肌肉、韧带和关节均比较僵硬，不够灵活，热身运动时间可适当长一些，运动量可稍大一些；当气温较高时，新陈代谢旺盛，身体容易活动开，热身运动时间可短一些，运动量也可小一些。

热身运动后一般应休息1～3分钟，再进行正式的形体训练，也可以热身后直接进行形体训练。需要注意的是，热身运动与形体训练的间隙不能过长，否则会失去热身运动的意义。

2. 热身运动的具体内容

形体训练前的热身运动包括头部、肩部、胸部、腰部与腿部等主要肌肉群的拉伸活动。

（1）肩部与胸部的热身运动。

①屈臂扩胸运动。

准备：运动中始终保持站立的基本姿态——昂首、挺胸、展肩、立腰、收腹、提臀，收紧腿部肌肉，双脚打开与肩同宽，双手握拳相对，肩部与大、小臂在同一水平面上。

动作1：屈臂平拉，胸廓无限打开，仍然保持肩部与大、小臂在同一水平面上。

动作2：屈臂回收，胸廓向内挤压，仍然保持肩部与大、小臂在同一水平面上。

动作3：屈臂平拉，结束后依旧重复动作2。

动作关键：

第一，始终保持正确的站立基本姿态。

第二，始终保持肩部与大、小臂在同一水平面上。

注意事项：该组热身运动可做4×8拍。前2个8拍可以动作缓慢，2个拍1个动作；后2个8拍可加快动作，1个拍1个动作。

②直臂扩胸运动。

准备：运动中始终保持站立的基本姿态——昂首、挺胸、展肩、立腰、收腹、提臀，收紧腿部肌肉，双脚打开与肩同宽，双手握拳相对，肩部与大、小臂在同一水平面上。

动作1：直臂平拉，胸廓无限打开，仍然保持肩部与大、小臂在同一水平面上。此时，肩胛骨有向内挤压的感觉。

动作2：直臂回收后，右臂在斜上方45°处拉伸，左臂在斜下方45°处拉伸，双臂在一条直线上。

动作3：直臂回收后，左臂在斜上方45°处拉伸，右臂在斜下方45°处拉伸，双臂在一条直线上。

动作关键：

第一，始终保持正确的站立基本姿态。

第二，水平与斜向拉伸时尽力向后延展，背部有挤压感。

注意事项：该组热身运动可做4×8拍。前2个8拍可以动作缓慢，2个拍1个动作；后2个8拍可加快动作，1个拍1个动作。

（2）腰部的热身运动。

准备：运动中始终保持站立的基本姿态——昂首、挺胸、展肩、立腰、收腹、提臀、收紧腿部肌肉，双脚打开与肩同宽，双手握拳相对，肩部与大、小臂在同一水平面上。

动作1：肩部与手臂保持在同一水平面上不动，上半身向右后方旋转，转到极限处停止。

动作2：肩部与手臂保持在同一水平面上不动，上半身向左后方旋转，转到极限处停顿。

动作3：回到正中，保持准备时的姿态。

动作关键：

第一，始终保持正确的站立基本姿态。

第二，上半身左右旋转时，以转到自身最大限度为止，动作舒缓，避免拉伤。

注意事项：该组热身运动可做4×8拍。前2个8拍可以动作缓慢，2个拍1个动作；后2个8拍可加快动作，1个拍1个动作。

（3）腿部的热身运动。

①吸腿与踢腿运动。

准备：运动中始终保持站立的基本姿态——昂首、挺胸、展肩、立腰、收腹、提臀、收紧腿部肌肉，双脚并拢，双手叉腰。

动作1：左腿支撑身体，右腿抬高，大腿面与地面平行，小腿向大腿靠近，脚背与脚尖绷直。

动作2：左腿支撑身体，将小腿向前踢，踢出的瞬间小腿需用力，大腿不动。此动作应避免膝盖用力。

动作3：左腿重复上述吸腿与踢腿动作。

动作关键：

第一，始终保持正确的站立基本姿态。

第二，注意身体重心的稳定。

第三，吸腿与踢腿时，脚部均绷直。

注意事项：该组热身运动可做4×8拍。前2个8拍可以动作缓慢，2个拍1个动作；后2个8拍可加快动作，1个拍1个动作。

②弹跳运动。

准备：运动中始终保持站立基本姿态——昂首、挺胸、展肩、立腰、收腹、提臀、收紧腿部肌肉，双脚并拢，双手叉腰。

动作1：上半身保持不动，双腿屈膝下蹲。

动作2：身体向上腾跃，小腿尽量向大腿靠近。

动作3：双腿屈膝，双脚着地，上身保持不动。重心稳定后继续弹跳练习。

动作关键：

第一，始终保持正确的站立基本姿态。

第二，落地时，避免直腿触地，屈膝触地可保护膝盖不受伤害。

注意事项：该组热身运动可做4×8拍。前2个8拍可以动作缓慢，2个拍1个动作；后2个8拍可加快动作，1个拍1个动作。

（三）身体放松活动

1. 身体放松活动的作用与内容

锻炼身体后认真放松，能使人从运动到停止运动之间有一个缓冲、整理的过程。舒展的慢动作和正确的气息运用可以使紧张的肌肉逐渐放松。过速的脉搏逐渐减慢至恢复正常，升高的血压逐渐降至正常，兴奋的情绪逐渐恢复平静。

（1）上肢放松活动。站立，上肢前倾，双肩和双臂反复抖动到发热为止。

（2）下肢放松运动。仰卧后举腿进行拍打、按摩等动作，颤抖大腿内、前、后侧和小腿后侧，以及臀、腹、侧腰部，帮助血液回流和下肢肌肉放松。

（3）团身抱膝放松运动。双手抱膝，下蹲、低头，反复上下颤动到腰椎发热为止。

（4）全身休整运动。站立，双膝屈，双手体前扶地，充分运用气息，深吸气于胸，然后屏息（即不呼也不吸，但不是憋气），慢吐气于腹（即丹田）。反复几次，同时上肢慢慢抬起。直至恢复为运动前的正常脉搏。

需要说明的是，选择正确的放松方式，保证充分的放松时间，将会使训练获得事半功倍的效果，保证10分钟以上的放松运动，体内多余脂肪的供能可达65%～90%，甚至90%以上，从而产生辅助塑身的效果。

2. 其他放松活动

在形体训练中，当腰部练习较多时，我们可以利用把杆做松腰与回腰的放松动作，在没有把杆的情况下，也可以采用团身抱膝的方式，用背部在地面来回滚动，从而达到放松腰背的效果。

准备：背对把杆站立，保持站立基本姿态，双脚并拢，双手手臂后拉并搭在把杆上。

动作1：上半身保持不动，双腿屈膝下蹲，膝盖点地。

动作2：膝盖抬起，臀部向下，大腿与小腿紧贴，拱背回腰，腰背得到放松，手臂拉伸舒展。

此外，后提臂夹肩动作也可以作为热身与放松运动。

准备：保持基本站立姿态，双脚打开与肩同宽。

动作：双手手臂在体后伸直握好，后抬臂至最大限度，上身保持直立，肩胛骨与腋下的肌肉群均有挤压感，把杆放松活动如图4-2所示。

图 4-2 把杆放松活动

该动作也可以增加节拍,作为柔韧性练习。以 1×8 拍为例,1～4 拍,匀速后抬双臂至最大限度;5～8 拍,双臂匀速回落至准备姿态。这个动作对肩关节的保护非常有益。

四、形体素质的锻炼

(一)肩部舒展练习

肩部舒展练习主要用于锻炼斜方肌上部、肩胛提肌和菱形肌,目的是使肩背部肌肉群协调发展,提升肩胛骨的灵活度,打造更完美的肩部。在肩部舒展练习中,一定要最大限度地将动作打开。

具体练习可分为 4×8 拍,可根据实际需要增加到 8×8 拍。

准备:运动中始终保持站立的基本姿态——昂首、挺胸、展肩、立腰、收腹、提臀、收紧腿部肌肉,双脚打开与肩同宽,双臂自然下垂,双手放于身体两侧。肩部活动如图 4-3 所示。

图 4-3 肩部活动

第一个 8 拍动作如下:

1～2 拍,右边单肩向上耸动,回正。

3～4 拍,左边单肩向上耸动,回正。

5～8 拍,双肩耸动 2 次,2 拍 1 次,回正。

第二个8拍动作如下：

1～2拍，右边肩膀向前环绕后还原。

3～4拍，右边肩膀向后环绕后还原。

5～6拍，左边肩膀向前环绕后还原。

7～8拍，左边肩膀向后环绕后还原。

第三个8拍动作如下：

1～4拍，双肩向前绕肩2次。

5～8拍，双肩向后绕肩2次。

第四个8拍动作重复第三个8拍动作。

动作关键：

第一，始终保持正确的站立基本姿态。

第二，肩部环绕时，注意动作的协调性，做到自身能做的极限。

（二）背部舒展练习

背部舒展练习包括单人把杆展背练习、双人把杆展背练习、双人配合肩背舒展练习等。背部舒展练习可以锻炼脊柱的弹性与柔韧性。在做单人动作时，尽量做到自身能做的极限；双人配合动作则强调双方配合的默契度，以提高练习的乐趣。需要注意的是，帮助他人进行压肩展背练习时，保证对方身体安全是最重要的。

1. 单人把杆展背练习

准备：面对把杆站立，保持基本站姿，上体微微前倾，双脚开立与肩同宽，双手轻轻搭在把杆上。

动作：手臂搭在把杆上，调整腿部与把杆的距离，上体用力向下压，将肩关节拉开，如按1×8拍来计，刚才的动作为第一拍，1拍1压，反复练习4×8个拍，压至最大限度时，控制4×8个拍。

动作关键：展背过程中，双手臂伸直，压肩时要保持塌腰、挺胸的形态，头与身体形成一条水平线，注意保持呼吸正常。单人把杆展背练习如图4-4所示。

图4-4 单人把杆展背练习

2. 双人把杆展背练习

准备：一人面对把杆站立，双脚开立与肩同宽，手臂搭在把杆上，调整腿部与把杆的距离，另一人站在左侧面。

动作：帮助者将双手交叠放在对方两个肩胛骨中间的脊柱点上向下按压，帮助练习者开肩。如按1×8拍来计，前4拍按压与回力可轻柔舒缓，后3拍可适当加强力度，最后1拍按压迅速果断。练习者可能会听到"啪"的响声，这是有效开肩的表现。

动作关键：

第一，双人配合一定要默契，练习者随着帮助者的按压与放松动作来压肩与回位。

第二，帮助者的动作应准确，力度适中，循序渐进地实施动作，从而保护好对方。

3. 双人配合肩背舒展练习

准备：双人面对面站立，保持基本站姿。两人双手伸直互搭对方肩上，双脚开立与肩同宽，双人肩背舒展练习如图4-5所示。

图4-5 双人肩背舒展练习

动作：如按1×8拍来计，第一拍前半拍，上体下压双肩伸直振动1次，后半拍上体稍抬起回位，连续练习4×8个拍。

动作关键：

第一，练习过程中，双臂伸直，塌腰、挺胸，将肩关节韧带拉开。

第二，应考虑对方的柔韧度，互相配合，双手全程不可松开，以免给对方伤害。

（三）腰部柔韧性与腹臀收紧练习

1. 腰部柔韧性练习

腰是身体运动的轴心，是掌握一切形体训练技术的基础。腰部训练能够增强练习者腰部的柔韧性和灵活性，提高练习者腰腹肌、背肌的力量与控制能力，拉伸肌纤维使其纵向发展，减少腰腹部脂肪，改善易出现的驼背等不良体姿，使人体躯干线条更挺拔、更优美。

（1）具体练习过程。

①趴地卷后腰练习如图4-6所示。

准备：双手屈臂俯卧，胸贴地面，额头点地，双脚打开。

图 4-6 趴地卷后腰练习

动作 1：地面推腰。抬头，双手直臂撑地，上体抬起向后弯腰 90°，头部后仰，双腿脚绷直。

动作 2：双吸腿后弯腰。抬头，双手直臂撑地，上体向后弯腰，双腿后吸，头部后仰，头与脚尖之间尽量缩短距离。

②双人配合腰部练习。

准备：练习者双手后抱头仰卧，胸贴地面，额头点地，帮助者站在练习者身体一侧。

动作 1：帮助者位于练习者膝关节两侧，双手拉紧练习者双侧肘关节，练习者双手互扣在手臂外侧，帮助者用力并缓慢地拉起练习者。

动作 2：帮助者用力拉起练习者，使其上体离开地面成最大反背弓，练习者的双手可抓住帮助者的手臂以固定身体。

动作 3：帮助者将练习者轻轻放回地面，回到准备姿态。

第一次进行双人配合扯腰练习，或者腰部柔韧性一般的练习者在进行训练时，如按 1×8 拍来计，1～4 拍，帮助者一边把练习者拉起，一边询问练习者是否可以承受，至 8 拍，帮助者将练习者轻轻放回地面。如按 4×8 拍来计，第二个 8 拍重复 1×8 拍的动作。

动作关键：

练习者在做动作的过程中挺胸抬头，身体不可过于紧绷，同时尽量使髋部不离开地面，腿部贴紧地面。帮助者应用力抓紧练习者的手肘，身体向前倾，姿势慢慢变成后倾。帮助者的动作一定要轻缓。双人腰部练习如图 4-7 所示。

图 4-7 双人腰部练习

2. 腹臀收紧练习

紧实的腹部与臀部肌肉既是形成健美身体曲线的关键，也是保证腰椎、骨盆健康的基础。腹臀收紧练习包括仰卧起坐练习、把杆踢后腿练习与模拟骑单车练习。腹臀收紧练习如图4-8所示。

图4-8 腹臀收紧练习

仰卧起坐练习是最常用的腹部收紧练习方式之一，把杆踢后腿练习与模拟骑单车练习均可同时锻炼腹部、臀部与腿部肌肉。把杆踢后腿练习的重点在于拉伸前腹部与大腿前侧肌肉，收紧臀部肌肉；模拟骑单车练习能够促进腿部的血液循环，增强腿部关节和肌肉的力量，减少大腿和臀部多余的脂肪，增强腹部力量。

（1）具体练习过程。

①仰卧起坐练习。

注意事项：一组做15次，完成4～5组就可以达到训练效果。

②把杆踢后腿练习。

准备：运动中始终保持站立的基本姿态——昂首、挺胸、展肩、立腰、收腹、提臀、收紧腿部肌肉，面对把杆八字步站立，双手搭在把杆上。

动作1：右脚沿地面前擦地，脚背绷直，脚尖点地。

动作2：用脚尖带动腿部，向后踢到最高点，整条腿要绷紧伸直，尽最大努力向后上方踢。后踢的同时，头部后仰。

动作完成后，右脚回到动作1的状态。

动作关键：向后踢腿的过程中，整条腿都要伸直，落地时点地收回。踢腿时注意身体直立，胯稳定外开。

注意事项：该组运动可做4×8拍。第一个8拍，1～2拍为动作1，3～4拍完成动作2，5～6拍为动作1，7～8拍完成动作2；第二个8拍保持第一个8拍的节奏；第三、四个8拍换左腿进行练习，节奏一致。

③模拟骑单车练习。

准备：平躺在地上，双膝分开并屈膝，双脚尖点踩在地上，双臂放于身体两侧。

动作：呼气，同时将左膝抬向胸部，将右脚离地向上伸；吸气，同时将左膝降向地面，将右膝抬向胸部，双脚交替模仿骑自行车。

动作关键：

第一，始终保持收腹状态。

第二，双脚运动流畅。

第三，腰有伤病的人（如腰椎间盘突出，腰肌劳损等）避免此运动。

注意事项：该组运动可做8×8拍。第一个8拍，1～2拍为后倾压腿，3～4拍回到准备动作，5～6拍为后倾压腿，7～8拍回到准备动作；第一、二个8拍后，后倾压。

任务实施

认识形体训练与礼仪的关系，学习形体训练体系，进行形体训练。

任务评价

任务评价表

项目任务	形体训练礼仪			
班　级		姓名		评价时间
考核内容				
考核项目	考核标准		分值	得分
形体训练礼仪	1. 形体训练与礼仪的关系		20	
	2. 描述形体训练体系		40	
	3. 形体训练		40	
指导教师意见				

说明：建议采用四级评分制（如 90%~100%，80%~90%，60%~80%，<60%）

任务三　其他礼仪

"民以食为天",中西方饮食文化均源远流长且风格迥异,对饮食的观点、烹饪的方法、菜肴的特色都有着不同的要求,在用餐礼仪方面也有着迥然不同的规则。虽然差异较多,但有一点是大家公认的——用餐从来不是一件简单的事情,我们吃的不仅是食物,更是在吃文化、吃情感、吃素质。可以说,聚餐是人们进行情感交流的重要方式,是体现个人素养的重要场合。

一、中式宴请礼仪

(一)宴请准备

1. 宴请邀约

邀请客户时,态度一定要诚恳自信,并选准合适的时机发出邀请,如与客户商谈完事情又临近饭点时。同时,注意选择恰当的理由,因为请客吃饭本身是一个过程而不是目的,在吃饭的过程中增进交往和相互了解才是目的。

2. 餐前准备

接待方可以派工作人员提前到达用餐地点安排相关事宜,如确定菜单、检查餐厅环境等。点菜前,要清楚客户是否有特殊饮食要求,尽量做到菜肴荤素搭配合理,菜肴口味有所区别,菜肴品种尽量丰富,菜肴色泽促人食欲,菜肴数量与用餐人数应协调。每张餐桌安排的用餐人数一般在10人以内,并且最好为双数。

3. 席位确认

到达餐厅后,服务人员可引领宾客在休息区小坐聊天,等宾客到齐后方能入席。不能在主陪与主宾没有入席时自顾自地坐在餐桌旁,因为此时尚未安排座次,贸然入席颇为不妥。民以食为天,食以"坐"为先。中餐宴请中,席位排列关系到来宾的身份与主人给予对方的礼遇,是整个中华饮食礼仪中非常重要的部分。所以,用餐前一般事先安排好席位,以方便参加宴请的人能各就各位。中餐席位的排列,一般分为桌次排列与座次排列两种。

中餐宴请中桌次的确定依据有四个:一是离门最远为主桌,主人坐主桌,面门而坐;二是只有两桌时,面门右手为主桌;三是居于中间为主桌;四是临近讲台为主桌,如果没有专用讲台则以背临主要画幅的那张桌为主桌。其他桌次的尊贵程度根据距主桌位置的远近而定。多桌宴请时,各桌均有一位主桌主人的代表就座,且所坐的位置应与主桌主人同向。

中餐宴请时,每张餐桌的座次也有主次之别。首先,主人面门而坐,如果女主人也参加,则以主人和女主人为基准,依次排列。其次,应把主宾安排在最尊贵的位置上,即主人的右手位置,主宾夫人应安排在女主人的右手位置。最后,主人方面的陪客要尽可能与客人相互交叉,以便于交谈,避免自己人坐在一起,冷落客人。如果主宾的身份高于主人,为了表示对主宾的尊重,可以请主宾坐在主人的位子上,主人则坐在主宾的位子上。宴会上经常会出现大家让座的情况。比如几个职务差不多的客户一起就座时，难免会互相谦让，这时有眼力的陪同人员最好说："四方为上，大家都入座吧。"这时大家会相继入座，也就不分什么上座下座了。

在实际生活中，中餐包间的具体情况存在差异，就座次而言，我们主要考虑以下几点：

第一是右上左下。当两人并排就座时，通常以右为上座，以左为下座，这是因为中餐上菜时多以顺时针为上菜方向，居右者会比居左者优先受到照顾。

第二是中座为尊。三人一同就餐时，居中坐者在位次上要高于其两侧就座之人。

第三是面门为上。用餐时，如果有人面对正门而坐，有人背对正门而坐，那么依照礼仪惯例，应以面对正门者为上座，以背对正门者为下座，一般临门处为上菜位。

第四是观景为佳。在一些高档餐厅用餐时，其室内外往往有优美的景致或高雅的演出，可供用餐者观赏，此时应以观赏角度最佳处为上座。有的包间配有电视，则面对电视的位置为上座。

第五是临墙为好。在某些中低档餐厅用餐时，为了防止过往侍者和食客的干扰，通常以靠墙之位为上座，靠过道之位为下座。

（二）用餐礼仪

1. 餐具的使用规范

餐具是中国饮食文化中非常重要的组成部分，颇受广大美食家的重视。制作精良的餐具可以使用餐者身心愉悦，精心选配的餐具也能提高宴请的规格和品尝美食的情趣。中餐餐具有筷子、勺子、碗、盘碟、杯子等，在正式宴请时应配套使用。在正式宴会上，餐碟应对着座位正中，水杯应放在餐碟上方，酒杯放在右上方，筷子与汤匙放在专用的托架上并摆在餐碟的右侧。

（1）筷子的使用。

同一餐桌应使用相同长度、相同花色、相同材质的筷子。筷子的摆放应整齐，不能歪斜，不要一长一短或一正一反，注意筷头与桌边齐平，筷尖朝里，平行对齐放在筷架上或者摆放在小碟上。餐桌上还应摆上一副公筷。

使用筷子用餐时，筷子应轻拿轻放，不用时一定要整齐摆放在饭碗的右侧或放在筷架上。筷子应避免放在碗口上。

（2）勺子的使用。

勺子的主要作用是用筷子取食时辅助舀取菜肴和食物，尽量不要单用勺子去取菜。用勺子取食物时，不要过满，以免溢出来弄脏餐桌或自己的衣服。舀取食物后，可以在原处暂停片刻，等汤汁不再往下流时，再移回享用或放在自己的碗里，不要把食物倒回原处。如果取用的食物太烫，不要用嘴吹凉食物或用勺子舀来舀去，可以先放到自己的碗里等凉了再吃。不要把勺子塞到嘴里反复吮吸或舔，更不要把公用汤勺据为己有或不放回原位。暂时不用勺子时，应放在自己的碟子上，不要把勺子直接放在餐桌上或插在食物中。

（3）碟子的使用。

碟子比盘子稍小，主要用于暂放从公用的菜盘里取来享用的菜肴。用碟子盛菜肴时，不要放过多的菜肴，也不要把多种菜肴堆放在一起，以免使菜肴杂乱不堪并相互串味儿。吃多少取多少，随吃随取最佳。用餐过程中产生的骨头、刺等残渣不要吐在桌上，应该用筷子夹取放在碟子前端，注意不能直接吐在碟子上。如果碟子放满了，可以让服务员换一个。一般正式宴席中，服务人员会观察碟子中食物残渣的情况，当食物残渣达到1/3时，服务人员会询问是否需要更换碟子。

（4）碗的使用。

碗主要用于盛放主食和汤羹。使用碗时，不要用双手端着碗进食，碗内的食物应用餐具取，不要用嘴吸，更不要把剩余的食物往自己的嘴里倒，也不可用舌头舔。

（三）用餐细节

1. 入座离座均谦让

一旦全部人员就位，组织者便可以做开场白，邀请所有人入席。客人应该等待主人邀请后方可坐下，从左侧安静入座，入座后姿势端正，双脚平放在地面上，不要将手臂放在邻座的椅背上，也不要将手肘放在桌面上或托着下巴。入座后，大家适当相互寒暄、交谈，营造一个和谐融洽的氛围，避免自顾自低头看手机。

席间如果需要离席片刻，起立时向大家简单示意后即可离开。用餐后，主人还没有示意结束时，客人不能先离席。如果有急事需要先行离开，一定要向主人解释并取得谅解，离开时不要张扬。散席后，大家相互友好告别，组织者要将客人全部送走后再离开餐厅。

2. 取食菜肴有礼貌

以茶待客是中国人常用的待客方式，餐前等待时先上茶与手碟(手碟常装有瓜子、蜜饯、花生等食物)，然后才开始上菜。因为中国人认为偶数是吉数，所以主菜数量往往是4、6、8等偶数。中餐上菜顺序总的原则是先冷后热，先炒后烧，先咸后甜，先清淡后味浓。

入席后，客人不要立即动手取食，只有当主人示意开始时，客人才可以进食。用餐完毕，也要由主人先放下筷子，大家再落筷。进餐时，尽量用公筷与公勺取菜，使用后应及时放回原处，以便他人使用。夹菜时，应注意自己的仪态，不要探身去取菜，对于较远的菜肴，可将餐碟递给他人，请他人帮忙夹取。如果是转盘式餐桌，应等菜肴转到自己面前时再动筷子，一次夹菜也不宜过多。自己夹完菜后，要将此菜转到下一位客人的正前面，如果桌上有其他人正在夹菜，一定要耐心等待其他人夹完后再转动餐桌转台。自己正在转动餐桌转台时，如果有人突然要夹菜，应当控制餐桌转台使之停下来，等此人夹好后再继续转动餐桌转台。如果他人正在转动餐桌转台，则要等餐桌转台停下来之后再夹菜，千万不要让"筷子追着餐桌转台跑"。

一旦夹上食物，应立即放入盘中，不要停留时间过长。夹菜时动作要稳，不要碰到邻座，不要把菜掉在盘外。若偶尔将一些菜掉在盘外，不可重新放回盘内，可用餐巾纸遮掩。遇到美味不可"独吞"，如不能只盯住自己喜欢的菜吃，或者先夹很多自己喜欢的菜堆在自己的盘子里。遇到能数出"个数"的食物，一定要考虑到用餐人数，自己吃到"人均数量"即可，不可多吃多占。

如想为他人夹菜，最好用公筷来夹取。如果自己的筷子还未用，也可以为他人夹菜，但一定要提前告诉对方筷子是洁净的。在无法确认对方口味时，最好为客人简单介绍菜肴，再试探其是否愿意尝试，以免盲目夹菜导致客人不喜欢。

3. 进食菜肴要斯文

进餐时，应适当表达对菜肴的赞美，否则主人会因为担心饭菜不合客人的口味而感到不安。食物太烫时应从容等待，咀嚼时不要发出响声，喝汤、吃粉丝或面条时也不要发出声音。口中有食物时应避免说话，小口进食比较便于谈话。即使很饿也要一口一口慢慢吃，不要狼吞虎咽。

整个进餐过程中，要与同桌人相互交流，眼睛不要总是盯着菜肴，注意进餐速度，吃得过快，不仅不能很好地与人交流，也不能很好地品尝美食，且吃相不雅，当然，也不能吃得太慢，让一桌人等自己。

进餐时，如果咳嗽或打喷嚏，不可对着餐桌或别人，应扭过身体并以手遮掩，说"对不起"。进餐过程中不宜吸烟，在允许吸烟的餐厅如需吸烟，应先征得邻座同意。

（四）敬奉酒水的礼仪

餐前等待时喝茶，如果有服务人员，则让服务人员倒茶；如果没有服务人员，常由距茶壶最近的人为其他人倒茶。倒茶时，由尊者开始依次进行，最后为自己倒茶。当别人为自己倒茶时，应当对其表示感谢。需要注意的是，放置茶壶时，壶嘴不要正对他人。

俗话说："无酒不成宴。"如果说茶是中式宴席的点缀，酒就是整个餐桌上的"指挥棒"，整个宴席的起承转合全都是用酒来指挥的。当组织者拿起酒杯祝酒时，宴席就拉开了序幕；随后大家互相敬酒，气氛渐入高潮；最后饮尽杯中酒，宴席结束。

1. 祝酒

祝酒是指在正式宴席上，由主人向来宾，提出因某个事由而饮酒。饮酒时，通常要讲一些祝福话语，如果是特别重要的宴席，主人与主宾还会发表一篇简洁凝练的祝酒词。祝酒词适合在宾主入座后、用餐前说，也可以在吃过主菜后、甜品上桌前说。主人祝酒时，应起身站立，右手端酒杯，或者右手拿起酒杯，左手托杯底，面带微笑，目视宾客，口述吉祥话语后，将酒杯举到眼睛高度，再说"干杯"，将酒一饮而尽或饮用适量，最后手拿酒杯与宾客们对视一下，这个动作称为"亮杯"。这个祝酒的过程就非常完整了。当主人祝酒时，客人应停止进餐，认真倾听；当主人提议干杯时，客人应手拿酒杯，起身站立干杯。

2. 敬酒

在主人祝酒后，各位来宾和主人之间或者来宾之间应互相敬酒。敬酒时，可以说一两句简单的劝酒词。说劝酒词时应做到，声音响亮清晰，站姿挺拔端正，目光友好真诚，态度热情友好。在古代，主人向客人敬酒叫"献"，客人回敬主人叫"酢"，客人间相互敬酒叫"旅酬"，依次向人敬酒叫"行酒"。正式宴席中，敬酒时不能灌酒、行酒令，应该助酒而不能无限度地劝酒。切忌不知客人的酒量和身体状况，一味劝客人多喝，这不是待客之道。

3. 斟酒的方法

敬酒前需要斟酒，按照规范来说，除主人和服务人员外，其他宾客一般不要自行给别人斟酒。如果主人亲自斟酒，宾客要端起酒杯致谢，必要时应该起身站立。如果是大型宴会或商务宴请，则应该由服务人员来斟酒。斟酒时应注意面面俱到、一视同仁，切勿有挑有拣，只为个别人斟酒。斟酒一般从位高者或长者开始，或者从自己所坐的位置开始按顺时针斟酒。斟多少酒取决于酒的种类，白酒或啤酒需斟满，红酒斟四分满。如果不需要酒，可以用手挡在酒杯上，说声"不用了，谢谢"。这时候，斟酒者就没有必要非得一再要求斟酒。中餐宴请中，当别人斟酒时，可以回敬叩指礼。

4. 敬酒的顺序

敬酒时一定要充分考虑到敬酒的顺序，做到主次分明。一般情况下，敬酒的顺序应根据年龄大小、职位高低、宾主身份来决定。如果不是主人，一般不能率先敬酒，一定要等主人完成必要的敬酒程序后，才能开始向主人或其他宾客敬酒。即使向不熟悉的人敬酒，也要事先打听一下身份或留意别人怎么称呼，对于这一点一定要做到心中有数，以免尴尬。

5. 敬酒的举止

敬酒时应站立，如果用中式小酒杯，应当用右手拿杯，大拇指和食指捏紧杯身一半的地方，将杯身卡在虎口的部位，其余三指自然放松，左手托着杯底以示敬意。如果用西式高脚杯，则可以采用西餐酒杯的拿法，单手举杯即可。敬酒时可以象征性地与对方碰下酒杯，碰杯时应该使自己的酒杯略低于对方的酒杯，以示对对方的尊敬。碰杯时应尽量用杯身相碰，不触及杯口。为了避免对方的酒杯低于自己的酒杯，可以一只手拿稳自己的酒杯，另一只手将对方的酒杯底向上托。别人敬酒后要回敬，否则就失礼。正式宴席回敬时，应避免一手拎着酒瓶，一手拿着酒杯敬酒。

（五）敬茶礼仪

服务接待常常是从奉上一杯清茶开始的，而且很多会谈都是在茶室进行的。无论是在办公室小坐片刻，还是在会客厅畅谈事宜，茶水都是客户坐下后应马上准备的，否则就是缺乏诚意的表现。我国讲究以茶待客，自古就有一套完整的茶道礼仪。平时用茶招待客人时只需要掌握"净"与"敬"的原则，做到以下四点即可：一是茶具要讲究；二是泡茶要健康；三是奉茶要客气；四是品茶要谦恭。

1. 茶具要讲究

"美食不如美器"是中华民族饮食文化的一大特色。从粗放式羹饮发展到细啜慢品式饮用，人类的茶文化经历了一定的历史阶段。不同的品饮方式，自然产生了不同的茶具，茶具是茶文化历史发展长河中最重要的载体，茶具为我们解读古人的饮茶生活提供了重要的实物依据。

茶具按材质的不同，可分为紫砂茶具、瓷质茶具、陶瓷茶具、玉石茶具、玻璃茶具、金属茶具、塑料茶具等。茶具的质地对泡茶效果有很大的影响，泡茶时首推紫砂茶具和瓷质茶具，日常喝茶时常用玻璃茶具。为了发挥每一类茶叶的特性，冲泡不同的茶叶，所使用的茶具应有所区别，这样才能相得益彰。如绿茶细嫩，使用透明度高的玻璃茶具。红茶适用陶瓷、紫砂茶具，冲好后导入白色小瓷杯饮用，品茶的同时还可以观赏到红艳诱人的茶汤。

冲茶之前，一定要先洗手再清洁茶具，尤其是久置未用的茶具，难免会沾上灰尘、污垢，更要细心地用清水洗刷一遍。在冲茶、倒茶之前最好用开水烫一下茶壶与茶杯，这样既讲究卫生，又显得彬彬有礼。不管茶具干净与否，直接给客户倒茶都是不礼貌的表现。茶具除了要干净，还要注意上面不可有缺口或裂痕，现在许多公司都使用一次性纸杯，在倒茶前要注意给一次性纸杯套上杯托，以免水热烫手，使客户一时无法端杯喝茶。

2. 泡茶要健康

茶是中国的国饮，要泡出一壶好茶，必须掌握泡茶的三大基本要素：茶叶、茶具与水。上面我们介绍了茶具的选择，下面我们介绍一下茶与水的搭配。

俗话说："茶为父，水为母。"自古以来，茶和水就有着紧密的联系，水质的好坏会直接影响茶汤品质的好坏，水质不好则难以展现出茶叶的色、香、味等特性。根据水中钙镁含量的不同，水可分为软水与硬水。软水喝起来顺喉、爽口，硬水喝起来则滑动不良，刺激喉舌，硬水泡茶会改变茶的色、香、味，从而降低茶的饮用价值。根据来源的不同，水又可分为泉水、井水、自来水等。陆羽在《茶经》中说过："山水上，江水中，井水下。"也就是说，山上的泉水是最适合泡茶的，江河湖水次之，井水更差一些。现在我们还有自来水、纯净水和矿泉水等，在自来水的水质无法保证的情况下，用纯净水或矿泉水泡茶会使茶的口感更好。

除了茶具与水要洁净，茶叶罐、托盘等也应洁净。从茶叶罐里取茶叶要用专用的茶勺，不可用手抓取。泡茶时，茶叶不宜过多，也不宜太少，可以主动询问客户的饮茶习惯，如果客户表示自己喜欢喝浓茶或淡茶，则应该按照客户的喜好来冲泡。

俗话说："酒满敬人，茶满欺人。"无论使用大茶杯还是小茶杯，茶都不要装得太满，因为太满容易溢出，把桌子、椅子、地板弄湿，还可能会烫伤自己或客户，使宾主都很尴尬。当然，也不宜倒得太少，否则会使人觉得这是在装模作样，没有诚意。一般情况下，茶倒七分满最合适。同时往好几个茶杯里倒茶时，为了将茶水倒得均匀，可以先用茶壶轮流给几个杯子同时倒茶，快要倒完时，把剩下的茶汤分别点入各杯中。有些企业会使用茶包泡茶，最好将茶包的细绳得体地缠在杯柄上，否则细绳长长地伸出杯外会很不雅观。此外，泡茶之人不要使用浓郁的香水或其他气味浓烈的化妆品，以免影响茶香。

3. 奉茶要客气

一般来说，双方寒暄完，是奉茶的最好时机。奉茶要用托盘承装茶杯，茶杯的杯耳朝着客户右手的方向，另外要在托盘里放一块干净的小毛巾。准备奉茶时，用双手握住托盘，举在胸前高度，托盘不可靠在身体上，并稍偏向一侧，以免呼吸的气息正对茶杯。

进入客户等待的房间奉茶，先敲门说"对不起，打扰了"，然后微微躬身进入房间，在桌子的一端放下托盘后双手奉茶。左手托底，右手拿着茶杯的中部，杯耳朝向客户，双手将茶轻轻奉上，同时说："请您用茶。"奉茶时，动作要轻、要稳。不可使茶具发出响声，不可将茶具放在文件上。如果不小心将茶水溅了出来，应立刻用托盘里的小毛巾轻轻擦去。如果没有托盘，茶杯应放在小杯碟上，然后一手托着小杯碟底部，一手轻扶茶杯杯身，双手递上。如果茶杯很小，则一定要使用杯托，手指不要碰触杯沿儿。如果有茶点，则应先将点心放在客人的右前方，再将茶杯摆在客人面前。

奉茶顺序应遵循客户优先、尊者优先的原则，先为客户奉茶，对本企业人员奉茶应按职位高低的顺序完成。如果大家坐得分散，则从上座开始奉茶。看到客户的茶水将尽，应立刻为客户添加茶水，其顺序也是客户优先。如果奉茶之人不需要参加接下来的商谈，则上完茶后应将托盘夹在腋下，说声"各位慢聊，我先失陪了"，然后退出会客室，接下来的添茶工作则由参加会谈的服务人员自行完成。

茶杯不同，续茶方法也不同。对于无杯盖的茶杯，可以直接续茶水；对于有杯盖的茶杯，需要用小手指和无名指夹住杯盖，掀开杯盖时尽量不要弄出声响，将茶倒七分满即可。给客户的茶杯续完茶水之后，可将杯盖大半搭在杯上，留出一条缝隙，这样一方面是为了尽快散热，另一方面能够使客户从杯子与盖子的缝隙中看到杯中已盛有热水，避免不慎被烫，之后客户可根据自己的意愿将盖子完全盖上或打开。当然，把杯盖反过来放在桌面上倒茶也不能说是错误的，但应尽量避免这样做，因为这样做有可能会发出声响，同时一定要避免将杯盖扣在桌面上。

4. 品茶要谦恭

鲁迅先生曾说："有好茶喝，会喝好茶，是一种'清福'。"宾主双方拿到茶水后应细细品尝，如果时间充足，观色、闻香、品茶、谢茶理应循序渐进。首先，鉴赏汤色，观赏茶汤的颜色和清澈度；其次，闻茶叶的香气，天然馥郁的茶香会使人心旷神怡；再次，小口品啜茶叶的韵味，让茶汤在口中稍作停留，再慢慢咽下去，一苦二甘三回味。客人可以适当称赞主人的茶好，以示对主人用心备茶的感谢。品茶时应用右手握住茶杯中部或杯耳，发现茶杯中有茶叶，既不可用手取出，更不可嚼食茶叶。茶水太烫时，最好待其自然冷却。

"饮茶之乐，其乐无穷。"自古以来，人们视茶为健身的良药、生活的享受、修身的途径、友谊的纽带。泡茶时，"酸甜苦涩调太和，掌握迟速量适中"；待客时，"奉茶为礼尊长者，备茶浓意表浓情"；饮茶时，"饮罢佳茗方知深，赞叹此乃草中英"；品茶时，"朴实古雅去虚华，宁静致远隐沉毅"。这一切无不渗透着"和"的思想，因此会谈时饮茶可以沟通想法，创造和谐的气氛，将客我双方的心拉得更近。

二、西式餐饮礼仪

随着世界文化的相互交融，宴请客户时选择西餐厅也成为一种常态。与中餐宴请一样，西餐宴请同样要注重礼仪。国外一些机构，会把面试的最后一关选在餐桌上。从一进餐厅开始，应聘者的一言一行、一举一动都将在面试官的仔细"品味"之中。如何着装、如何进门、如何就座、如何放置个人物品、如何对待侍者、如何按照自己的身份找到合适的座次、如何对待同时用餐的女士、如何点酒、点何种主菜、以何种酒搭配主菜，面试官会根据应聘者的表现对应聘者的修养、性格、爱好等进行判断。可见，餐桌上的举止是对一个人礼仪与修养的综合考验。

（一）宴请准备

1. 预约订餐

预约正式的西餐厅是比较讲究的，一般是在一个礼拜或者三天之前进行预约。如果餐厅特别受欢迎，更要尽早预订，并在就餐前一天或前一小时再次确认。预约餐厅时，应清楚告知预约人姓名、预约日期、具体时间、用餐人数、宴请目的、整体预算，特殊要求（如坐在靠窗户的位置、食物过敏等）等内容，预约信息越详细，越便于餐厅做出相应的安排与准备，也避免了在点菜时发现想要的食物已售罄的尴尬，因为西餐厅为了确保食材的新鲜，许多关键食材都是定量采购的。最后，在预约时间内到达是起码的礼貌，如果因事迟到，一定要提前打电话通知餐厅会延迟到达，使餐厅为自己保留座位，否则餐厅会在约定时间后的10～20分钟内将座位转让给别人。如果因故取消聚餐，应及时通知餐厅。

2. 形象准备

西餐厅为了维持其高级水准与良好氛围，一般都会对用餐者的服饰进行规定。男士商务正装，女士应穿套装或者礼服。在宴会上，女士通常应穿晚礼服或小礼服。女士晚礼服是晚上八点以后穿的正式礼服，是女士礼服中最高档次、最具特色、最能充分展示个性的礼服样式，又被称为夜礼服、晚宴服，常与披肩、外套、斗篷之类的服饰相配。女士小礼服是傍晚时分穿的礼服，比起豪华气派的晚礼服，这种服装更注重场合、气氛，因此可相对简化一些。在款式上，小礼服的裙长一般在膝盖上下，随流行而定，既可以是一件大衣式连衣裙，也可以是两件式、三件式套装。小礼服比较优雅含蓄，因此首饰的选择也应与小礼服本身所具有的气质相匹配。

（二）用餐礼仪

1. 等候带位

到达西餐厅后，合适的做法是到接待区告知服务人员预约的名字，由服务人员带领进入餐厅。如果临时来到西餐厅用餐，且暂时没有空位，则需要在入口处等待服务人员带位，这是对餐厅、对自己的尊重。一定要避免直接冲进餐厅找位置坐下来。

2. 带位入座

带位时，应请年长者或最重要的客户、女士先行起步前往座位。一般来说，应由年长者或最重要的客户坐主位；若客户中有女士，一般应由女士坐主位。

在商务宴请时，与客户、上司同行，女士还是应该请客户或上司先进入。商务宴请入座之前应主动和认识的人打招呼，对于不认识的应主动做自我介绍、握手。进餐过程中不要交换名片，等到聚餐结束时再进行。

西餐礼仪讲究女士优先，一般都是女士落座后男士再落座。服务人员一般会按先女后男、先宾后主的顺序为客人拉椅让座，用餐者从椅子左侧入座，等客人全部坐下后，服务人员会为客人铺餐巾，有的餐厅会在晚餐时点燃蜡烛以示欢迎。当就餐人数较多时，男士也可以帮自己右侧的女士拉出椅子，女士则应落落大方地接受并表示感谢。

如果携带私人物品，如大件衣物或皮包可以寄存放置，小件私人物品可以随身携带。女士手包视大小可以放在脚边地板上、身边空位处、身后椅背与后背空隙间，不可放在餐桌上或者挂在椅子上。手机应调整到静音或震动状态并放在随身的小包里面，入座后手机不要放在桌面上，以免影响用餐气氛。

3. 席位确认

无论是中式宴请还是西式宴请，每一个餐桌位置的安排都表达了来宾的身份与主人给予对方的礼遇。西餐宴会餐台一般使用长台，形状有一字形、U形、T形、E形等。宴会采用何种样式的餐台，应根据参加宴会的人数，餐厅的形状以及组织方的要求来决定。西餐餐台一般由长桌拼合而成，椅子之间的距离不得少于20厘米，餐台两边的椅子应对称摆放。与中餐宴会的席位排列相同的是，西餐宴会的席位排列也是在用餐前事先安排好的。举办隆重的宴会时，服务人员会将写有宾客名字的名片放在餐桌上，以方便参加宴会的人能各就各位，这也体现了对客人的尊重。

4. 餐具的使用规范

不同国家、不同地区的西餐上菜顺序会有少许差异，但大致流程相同：开胃菜（头盘，可冷可热，如鹅肝酱、熏鲑鱼等）—汤（清汤或浓汤，如奶油汤、罗宋汤等）—前菜（副菜，如鱼虾等海鲜或蛋类、酥盒菜肴等）—主菜（肉、禽类菜肴，如牛排等）—蔬菜沙拉（配菜，可在肉类菜肴后，也可为主菜配菜）—甜品（如点心、冰激凌、水果等）—咖啡（或为餐后酒、茶）。西餐餐具精致而多样，西餐正式宴席上每一道菜都换一副餐具。

高级的西式宴会餐台基本统一，共同原则是垫盘居中，叉左刀右，刀尖向上，刀口向内，各种刀、叉各司其职，不容混淆，其余用具酌情摆放。酒杯的数量与酒的种类相等，摆法是从左到右，依次摆烈性酒杯、葡萄酒杯、香槟酒杯、啤酒酒杯。餐巾放在盘子里，如果在宾客落座前需要往盘子里放某些物品，餐巾就放在盘子旁边。日常宴请活动中，西餐餐具是严格按照出菜的顺序排列的，所以虽然餐具较多，但使用原则很简单：从外侧向内侧取用。例如，第一道菜肴是开胃菜，那么吃开胃菜用的叉子会放在最左边，吃开胃菜用的刀子会放在最右边，即使你分辨不出哪个是吃开胃菜用的刀、叉，但只要拿最左边的叉和最右边的刀就不会错。吃完开胃菜后，服务人员会将装开胃菜的盘子和开胃菜所用刀、叉一并收走。

喝汤时，用一把汤勺，汤勺与刀放在同一边。又如，第二道菜是汤，那么你应当使用右边外侧的勺子。等汤碟和勺子收走后，最外侧的刀、叉应当为第三道菜所用刀、叉。盘子上方的餐具（甜食叉和甜食勺）同样是从外侧向内侧取用。所以，经常光临西餐厅的人看到餐具的排列顺序即可大致了解用餐过程。万一用错餐具也不要大惊小怪，应安静地继续使用，在下一道菜时请服务人员帮忙再拿一副餐具就可以了。如果看到别人用错了餐具也不要去提醒，应牢记"社交场合小错不纠"，以免使人尴尬。用餐时，不小心将餐具掉落到地面，最好请服务人员过来替你捡起。一般高级餐厅的服务人员会随时注意客人的情况，所以会很快再拿新的餐具过来。万一服务人员没有注意到，可以面向服务人员稍微将手抬高一下。

（1）餐巾的使用。

西餐进餐礼仪是从餐巾的使用开始的，当主人（如果工作聚餐没有主人，则是组织方领导）动手打开餐巾时，就预示着宴会正式开始。

（2）进餐。

英式进餐，始终是右手持刀，左手持叉，一边切割食物，一边用刀子将切好的食物推到叉子齿上，左手往嘴里送切好的食物时，叉齿朝下；如果食用豆类或其他软质食品，叉齿可以朝上。停下来的时候，手落在餐桌上面，人们认为这种方式比较绅士文雅，适合在正式宴会时使用。

美式进餐，右手持刀，左手持叉，但美国人习惯把要吃的东西一下子全部切好，再把右手的餐刀横放在餐盘前方(刀刃向里)，把左手的餐叉换到右手，叉齿向上将食物送到嘴里。停下来的时候，双手要放在大腿上。美式进餐较英式进餐随便省事，适合便宴场合。

在使用刀、叉时还需要注意以下细节：第一，将食指伸直按住刀、叉的背部；第二，切割食物时，不要弄得餐碟叮当作响；第三，切割食物时要注意食物分量，应刚好适合一次入口，不要叉起来后再一口一口咬着吃；第四，进食时应当用叉子叉着吃，不能用刀扎着吃；第五，注意刀、叉的朝向，放下餐刀时，刀刃始终向里，不可朝外，叉齿向下，放于餐盘边沿；第六，如果要与他人交流，首先应放下餐具，避免边聊天边挥舞刀、叉。

（3）勺子的使用规则。

西餐用餐时，除了需要注意餐巾与刀、叉的使用外，勺子的使用也有一定的规则。用右手拿勺，握住勺柄中间偏上部位，手指的姿势像拿钢笔一样。喝汤时，英国人习惯从勺子的侧面喝，不会从勺尖处往嘴里倒。喝汤时不能出声，如果汤太热，可以等一会儿再喝。

（4）酒杯的选用常识。

要品味酒的芳香魅力，合适的酒杯不可或缺。酒杯除了用于盛酒外，最重要的作用就是向人展示美酒的颜色，使酒得到最佳的呼吸并聚拢香气，从而体现酒的品质。

酒杯并不会改变酒的本质，但酒杯的造型决定了酒入口时的最先接触点，而酒杯的形状决定了酒的流向以及酒香的散发强度。

人的舌头有四个味觉区：舌尖对甜味最敏感，舌面中前部对咸味敏感，舌面后部对苦味敏感，舌头两侧对酸度敏感。因此，酒杯的设计是有科学依据的。如果酒杯开口处是向外打开扩张的，则品酒时应保持头颈直立，让美妙的滋味在舌尖绽放，品酒者更多感受到的是酒的甜味；如果酒杯开口处是收拢向内的则品酒时应将头稍稍后仰，让酒直入舌根，品酒者更多感受到的是酒的酸涩滋味。酒杯的材质应是无色透明的、光滑的、无花纹的。最理想的酒杯是具有较佳透光度的水晶杯，可以有很好的视觉观感。

拿葡萄酒杯时，有两种常用持杯姿势：一是用大拇指、食指和中指夹住高脚杯杯柱。夹住杯柱，便于透过杯壁欣赏葡萄酒的色泽，无论是向外倾斜45°去观察酒色，还是向内倾斜45°来探询酒香，都能控制自如，随心所欲。

另外，由于红酒的适饮温度在12～18℃，因此拿红酒杯时应特别注意不要碰触酒杯上端盛放酒的部分。白兰地适合加温饮用，所以正确的持杯方法是用中指和无名指的指根夹住杯柱，手掌由下往上包住杯身，手的温度传导到杯内使酒略暖，从而增加酒意和芳香。

5. 斟酒及敬酒

斟多少酒，应根据酒的类别和要求进行。香槟斟入杯中时，应先斟入 1/3，待酒中泡沫消退后，再往杯中续斟至七分满即可；红葡萄酒入杯为 1/3，白葡萄酒入杯为 2/3；白兰地杯子的实际容量虽然很大（240～300 毫升），但因白兰地度数高，所以倒入酒量不宜过多，以杯子横放、酒在杯腹中不溢出为宜；软饮料，啤酒应斟八分满，且斟啤酒时泡沫不能溢出；另外，冰水入杯一般为半杯水加入适量的冰块，不加冰块时应斟满水杯的 3/4。

西餐宴会伊始，主人会先向客人祝酒，特别隆重的场合一般只采用香槟来祝酒，并且香槟是唯一可以用来干杯的西餐佐餐酒。主人祝酒结束提议干杯后，客人均要起身，右手端起酒杯，或用右手拿起酒杯后，以左手托扶杯底，面含微笑。饮用香槟干杯时，应饮去杯中一半为宜，当然，不胜酒力者要量力而行，滴酒不沾者也需要拿起酒杯以示对主人的尊敬。需要碰杯时，双方可交错略倾斜杯身，以杯肚轻轻碰撞即可。这样碰杯不易碰碎杯子且声音清脆悦耳。

6. 咖啡的饮用礼仪

中国古代有神农尝百草，日遇七十二毒，得茶而解之的传说，从而使茶成为中国人居家过日子必不可少的一分子。那么，西方的咖啡又是怎样的呢？

"咖啡"一词源自希腊语"Kaweh"，意思是力量与热情，所以咖啡如人生，苦涩之后是更为醇厚的甘甜。

西餐待客强调使用现磨现煮的咖啡，特别讲究咖啡豆的选取。饮用咖啡时可加方糖、牛奶甚至可以用白兰地来调配。

用餐即将结束时，服务人员可以送上咖啡，应将咖啡杯的杯把朝向客人左手，咖啡匙置于托盘上，靠近客人的内侧，匙柄朝向客人右手，便于客人使用。在餐后饮用的咖啡一般用袖珍型的杯子盛出。这种杯子的杯耳较小，手指无法穿过去。即使用较大的杯子，也不要将手指穿过杯耳再端杯子。咖啡杯的正确拿法是用大拇指和食指捏住杯把儿，再将杯子端起。

如果坐着喝咖啡，将杯子拿起饮用即可。如果站立喝咖啡，一定要将咖啡碟一同拿起，左手拿碟，右手拿杯。

给咖啡加糖时，砂糖可用咖啡匙舀取，直接加入杯内；也可先用方糖夹把方糖放在咖啡碟的近身一侧，再用咖啡匙把方糖放到杯子里。不能用手来放方糖，这样既不文雅，也可能会使咖啡溅出弄脏衣服或台布。咖啡匙是用来搅拌咖啡的，搅拌均匀后，将咖啡匙放在咖啡碟中。需要注意的是，不要用咖啡匙舀咖啡喝，或者端起杯子用嘴吹凉咖啡。如果咖啡太烫，可以用咖啡匙轻轻搅拌，或者等咖啡的温度降下来再喝。

喝咖啡时通常会搭配一些精致的小点心，我们可以一边享受咖啡的香醇，一边品尝点心的细腻口感。需要注意的是，不要一只手端着咖啡杯，另一只手拿着点心，饮咖啡时应当放下点心，吃点心时则应放下咖啡杯。

三、馈赠礼仪

相互馈赠礼物是人类社会生活中不可缺少的交往内容,既可以表达感情,又可以加深联络。在人际交往中,礼物像桥梁和纽带一样,直接明了地传递人们的情感和信息。馈赠作为一种非语言的重要交际方式,是以物的形式出现的,以物表情、礼载于物。

(一)馈赠原则

1. 轻重得当

馈赠礼品并非贵重的最好,合适的才是最好的。礼物的价值有着双重含义。一是金钱价值,二是情感价值,若礼物具有独一无二的情感意义,可以带给受礼者美好的情感体验。

2. 注重时机

馈赠礼物时,应注重及时、适宜。因为只有最需要的才是最珍贵、最难忘的。

3. 选择场合

生日礼物或者特别答谢的礼物,应尽量不在公开场合赠送,以免增加受礼者的心理负担。不要等到双方离开时才将礼物拿出来,这时对方可能会因为客气婉言拒绝,双方产生尴尬。

4. 注意赠礼时的语言、态度

平和友善的态度、落落大方的动作并伴有节奏性的语言表达是令赠、受礼双方都能接受的。

(二)馈赠的方式

1. 包装精致,去掉标签

馈赠的礼物需要精致的包装,并且去掉标签,以示尊重。

2. 当面馈赠,双手递送

为了表示礼仪,馈赠礼物需要双手递送,以表尊重。

3. 恰当语言,彰显诚意

馈赠礼物时,除了礼貌,还要运用恰当的语言,彰显诚意。

(三)接受礼品时的礼仪规范

接受礼物时要注意一些礼节,以表现出对送礼者的尊重和感谢。

1. 欣赏赞美

受礼者应在对礼品的赞美和夸奖声中收下礼品。一般可以赞美礼品的精致优雅或使用夸奖赠礼者的周到和细致表达感谢之词。

2. 双手接受

不要一只手去接礼品,特别是不要只用左手去接礼品。在接受礼物时应面带微笑,双目注视对方,并表示出对对方的感谢。

3. 礼尚往来

来而不往非礼也，在人际交往中接受他人馈赠后，应注意以适当的方式和在适合的时间向对方回赠礼品。

4. 礼貌拒绝

一般只要不是贿赂性的礼品，最好不要拒收。找机会回礼即可，有时由于种种原因确实不能接受他人赠送的礼品，拒绝时要讲究方式方法，得到对方的理解和谅解。为避免赠送者尴尬，不宜当着他人的面拒绝所送的礼品，可采用事后退还加以处理，尽快单独将礼品物归原主。

任务实施

了解宴请礼仪、馈赠礼仪及注意事项。

任务评价

任务评价表

项目任务	其他礼仪			
班 级		姓名		评价时间
考核内容				
考核项目	考核标准		分值	得分
其他礼仪	1. 宴请礼仪		40	
	2. 馈赠礼仪		30	
	3. 礼仪展示		30	
指导教师意见				
说明：建议采用四级评分制（如 90%~100%，80%~90%，60%~80%，<60%）				

实践训练

服务礼仪知识综合运用情景扮演。

一、实训目标

（1）加深对铁路旅客服务礼仪的认识与理解。

（2）提高对服务礼仪知识的综合运用能力。

二、实训内容

以小组为单位进行情景展示。

（1）各组分别设计铁路客运服务情境。

（2）情景展示中综合运用服务礼仪知识。

三、实训考核

（1）各组依据情境内容，在课堂进行演示。

（2）根据各组的表现，进行评分。

参考文献

[1] 张建国. 服务礼仪 [M]. 北京：高等教育出版社，2015.

[2] 金正昆. 服务礼仪 [M]. 北京：北京大学出版社，2005.

[3] 贾俊芳. 高速铁路客运服务 [M]. 北京：中国铁道出版社，2014.

[4] 董正秀. 铁路运输服务礼仪 [M]. 北京：中国铁道出版社，2013.

[5] 王春柳. 铁路接待中的礼仪文化 [M]. 北京：中国铁道出版社，2013.

[6] 潘自影. 高速铁路客运服务与礼仪 [M]. 成都：西南交通大学出版社，2018.

[7] 葛静. 轨道交通服务礼仪 [M]. 成都：西南交通大学出版社，2018.

[8] 纪亚飞. 服务礼仪标准培训 [M]. 北京：中国纺织出版社，2012.

[9] 佟景渝. 现代礼仪实务 [M]. 广州：世界图书出版广东有限公司，2012.

[10] 伍新蕾. 服务礼仪与形体训练 [M]. 大连：东北财经大学出版社，2019.

[11] 高蓉. 城市轨道交通服务礼仪 [M]. 北京：人民交通出版社，2017.

[12] 赵荔. 铁路客运服务心理学 [M]. 北京：人民交通出版社，2019.

[13] 韩宁. 高速铁路客运服务礼仪与形象塑造 [M]. 北京：中国建材工业出版社，2019.

[14] 王琴茹，王培俊. 服务心理学 [M]. 北京：高等教育出版社，2015.

[15] 彭澎. 礼仪与文化 [M]. 北京：清华大学出版社，2007.

[16] 谷玉芬. 旅游服务礼仪实训教程 [M]. 北京：旅游教育出版社，2009.

[17] 周裕新，陶晓平. 礼仪心理学 [M]. 上海：同济大学出版社，2009.

[18] 舒伯阳. 现代旅游礼仪与沟通艺术 [M]. 天津：南开大学出版社，2009.

[19] 拙耕. 服务礼仪 [M]. 长春：吉林教育出版社，2019.

[20] 靳斓. 服务礼仪与服务技巧 [M]. 北京：中国经济出版社，2018.